于鸿椿　赵鹊桥　张　毓　等著

石油工业出版社

图书在版编目（CIP）数据

筑梦印象 / 于鸿椿，赵鹊桥，张毓等著. —北京：石油工业出版社，2019. 12
ISBN 978-7-5183-3812-2

Ⅰ.①筑… Ⅱ. ①于…②赵…③张… Ⅲ. ①油气勘探-研究院-成就-辽宁-图集 Ⅳ. ①F426. 22-242. 31

中国版本图书馆CIP数据核字（2019）第280619号

筑梦印象
于鸿椿　赵鹊桥　张　毓　**等著**

出版发行：石油工业出版社
（北京市朝阳区安华里二区 1 号楼 100011）
网　　址：http://www.petropub.com
编 辑 部：(010) 64523602　图书营销中心：(010) 64523633
经　　销：全国新华书店
印　　刷：北京中石油彩色印刷有限责任公司

2019年12月第1版　2019年12月第1次印刷
889 × 1194 毫米　开本：1/32　印张：8
字数：170千字

定　价：75.00元
（如发现印装质量问题，我社图书营销中心负责调换）

《筑梦印象》编委会

献身地質事業

無尚光榮

江澤民

一九九一年元月十七日

積极進取勇攀高峯
二次創业再立新功

為辽河研究院建院三十周年題

王濤

攀登石油科技高峰
实现辽河百年伟业

题赠辽河油田勘探开发研究院
二〇〇六年十一月

王涛

甘为探路，对未知的探索、认识永无止境，不断实践、反复思考、提升认识，为中国找出更多的油气。

[illegible] 07.5.24.

前 言

从沙岭到红村，从黄金带到兴隆台，从辽河盆地到外围探区，从科尔沁草原到茫茫大海……中国石油辽河油田勘探开发研究院已悄然走过 52 个春秋。52 年栉风沐雨，研究院人前行的脚步始终与辽河油田发展的脉搏同频共振，研究院人不断迸发思想的火花成长为助推辽河油田科学稳健发展的智库。

从仅有几十人的大庆六七三厂地质队，直至如今的以“建设同行业一流研究院”为目标的勘探开发研究院，一次次蜕变，逐渐羽翼丰满。

今天，我们用一幅幅照片记录不同时期研究院的变迁与发展。我们希望透过这些照片，展示研究院人在辽河油田创业发展史中，那种不屈不挠的拼搏进取精神和夺油上产的豪情。我们也希望透过这些照片，展示研究院更具感召力、更富有成效的企业文化建设。我们更希望透过这些照片，能带给您几许回忆、几许思考、几许感动……

1976 年勘探开发研究院全貌

现勘探开发研究院主楼

目 录

基本概况

中国石油辽河油田勘探开发研究院（以下简称“研究院”）主要从事石油天然气地质勘探部署、油气田开发部署、地震资料处理解释、地质与开发实验分析、勘探开发数据库建设等研究工作，是国家能源稠（重）油开采研发中心的重要组成部分。

自 1967 年建院以来，始终坚持“锲而不舍、刻苦攻关、艰苦奋斗、无私奉献”的核心价值理念，围绕勘探、开发两大主线，先后开展 4000 多项课题研究。

放眼未来，围绕“建设同行业一流研究院”发展目标，大力实施“科技创新、人才强企、文化引领、环境发展”四项战略，用卓越的研究成果支撑油田稳健发展，凭借一流的技术实力开创美好未来。

新岩心库

储层观摩室

决策中心

研究院通过了国家“ISO9001:2000质量管理体系认证”，荣获“中国国家实验室认可合格单位”“国家计量认证合格单位”“稠油开采先导试验基地”，具有国家甲级工程咨询单位证书，曾获得“国家地质勘察功勋单位”、辽宁省“五一劳动奖章”、中国石油天然气集团有限公司“先进科技集体”和“先进基层党组织”等荣誉称号。

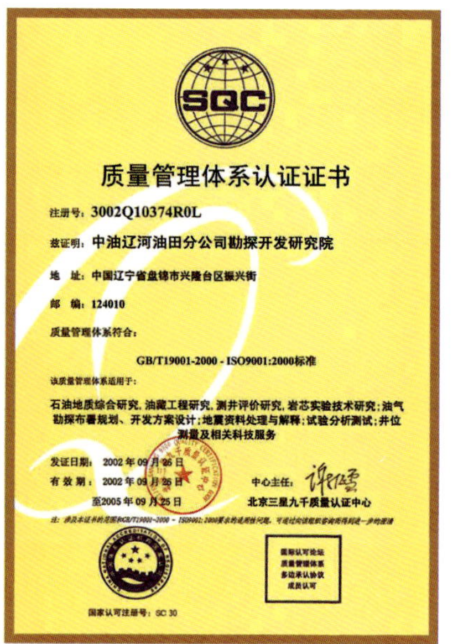
SQC

质量管理体系认证证书

注册号：3002Q10374R0L

兹证明：中油辽河油田分公司勘探开发研究院

地　址：中国辽宁省盘锦市兴隆台区振兴街

邮　编：124010

质量管理体系符合：

GB/T19001-2000 - ISO9001:2000标准

该质量管理体系适用于：

石油地质综合研究，油藏工程研究，测井评价研究，岩芯实验技术研究；油气勘探布署规划、开发方案设计；地震资料处理与解释；试验分析测试；井位测量及相关科技服务

发证日期：2002年09月26日

有效期：2002年09月26日

至2005年09月25日

中心主任：

北京三星九千质量认证中心

国际认可论坛
质量管理体系
多边承认协议
成员认可

国家认可注册号：SC 30

国家计量认证合格单位

(2001)量认(国)字(J1600)号

国 家 技 术 监 督 局

辽宁中石油辽河油田工程技术

研究中心

辽宁省科学技术厅

国家能源稠（重）油开采

研发中心

国家能源局

中国石油辽河油田分公司
勘探开发研究院试验中心

中国国家实验室认可合格单位

(No.CNASL2841)

中国合格评定国家认可委员会

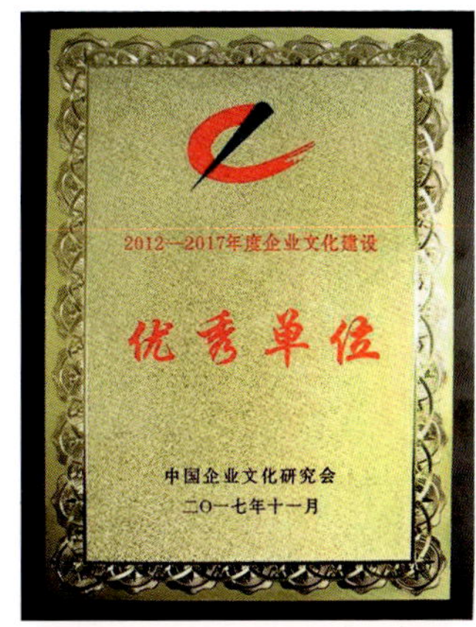

技术合作

研究院积极响应油田公司“走出去”战略，以技术创市场。在地震资料处理与解释、资源勘探与评价、油气藏地质与开发综合研究、室内实验等主体技术领域，充分发挥人才和技术优势，不断探索完善对外技术合作新模式。先后与委内瑞拉、哈萨克斯坦、印度尼西亚、埃塞俄比亚等国家及大庆、冀东、吉林、塔里

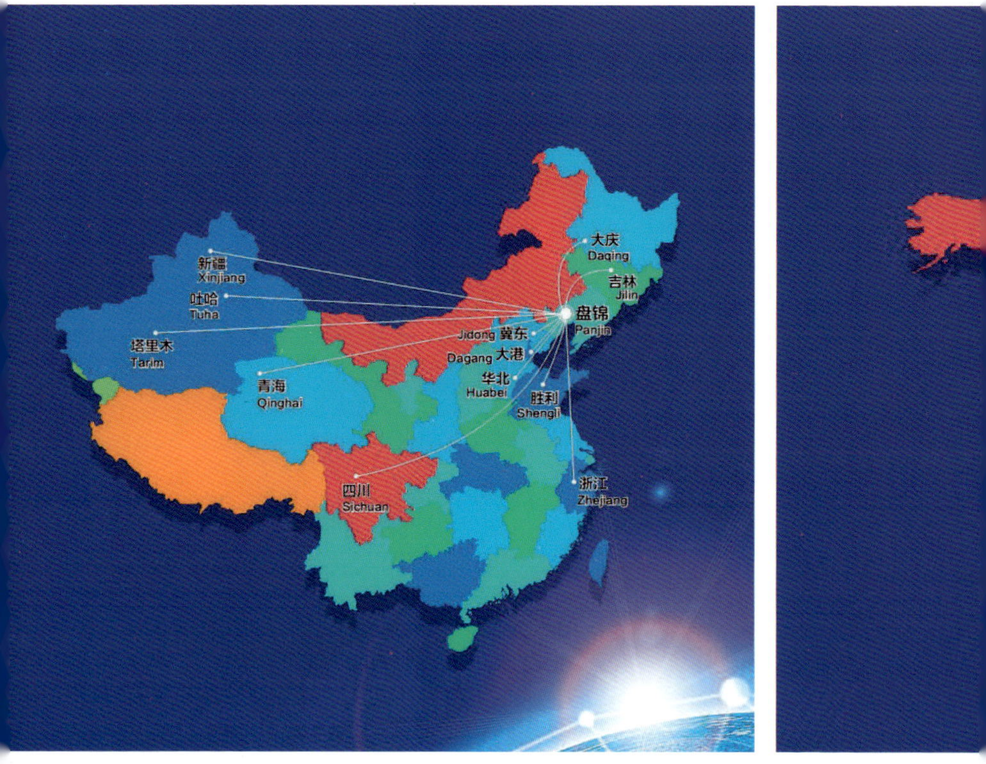

国内市场

木、青海等国内多家油田开展技术交流与合作，在拓添新的经济增长点的同时，树立了辽河技术品牌的良好形象，赢得了合作方的广泛赞誉。

国际：委内瑞拉、哈萨克斯坦、印度尼西亚、埃塞俄比亚、加拿大、俄罗斯、苏丹、乍得、美国。

国内：大庆、冀东、吉林、塔里木、青海、胜利、长庆、新疆、大港、华北、吐哈、浙江。

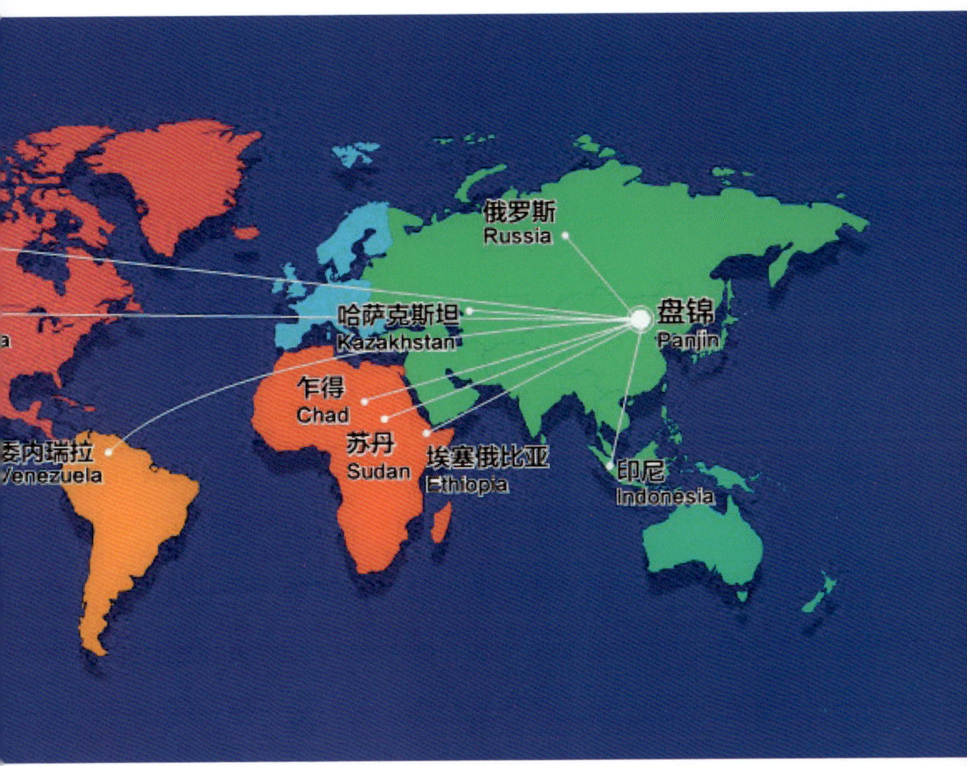

国外市场

筑梦印象

软硬件设备

研究院现有固定资产 6435 台（套），其中重点资产设备包括 4 套大型并行地震资料处理系统 IBM HS22 PC 集群、OracleSPARC T4_4 服务器、HDS-VSP 磁盘阵列、141 台高性能工作站，主要试验仪器设备 98 台（套），以及上百套国内外先进数值模拟及地震资料解释软件，如 LANDMARK、Geoeast、Eclipse 数值模拟、Petrel 三维建模软件等。

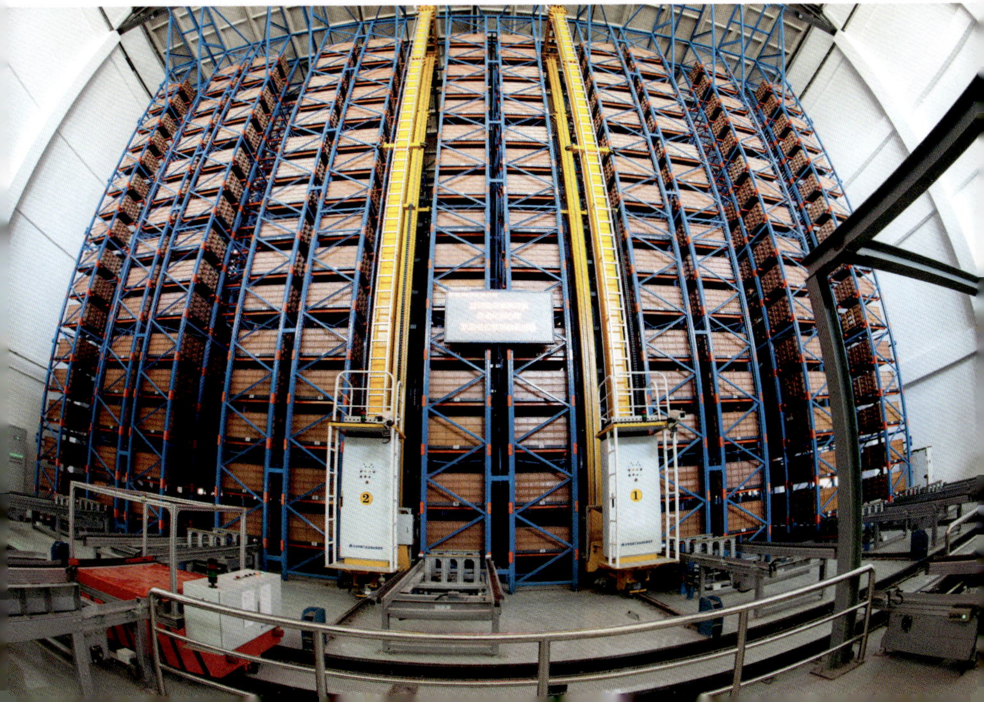

人才队伍

研究院现有员工 1435 人，其中男员工 835 人，女员工 600 人，党员 784 人；在学历构成上，拥有博士研究生 20 人、硕士研究生 270 人、大学本科 781 人；在职称构成上，拥有教授级高级职称 5 人、副高级职称 425 人。已在石油天然气地质勘探、油气田开发部署、地震资料处理解释、地质实验分析测试、勘探开发信息数据库建设等科研生产领域形成一支拥有集团公司高级技术专家 2 人、油田公司企业一、二级技术专家 17 人、一级工程师 40 人、二级工程师 400 人、三级工程师 452 人的核心专业技术人才队伍。

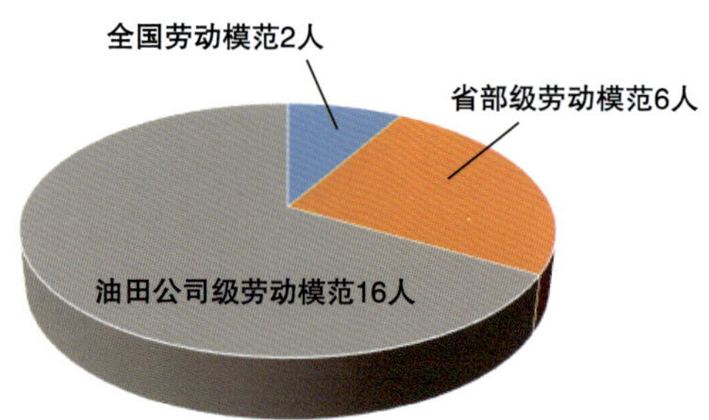

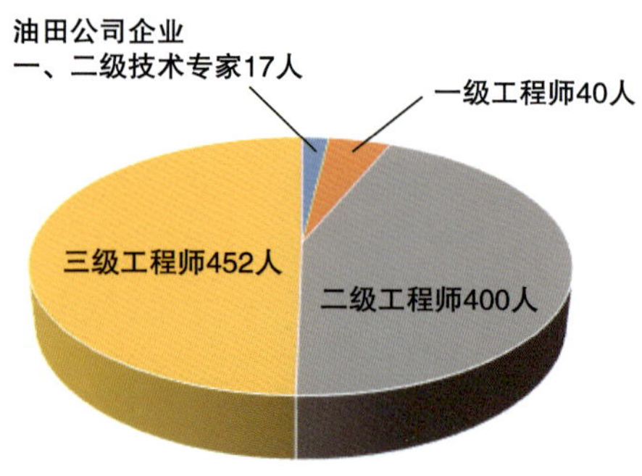

科技奖励

研究院建院 50 年来，获国家级科技类奖励 17 项，集团公司级科技类奖励 121 项，省级科技类奖励 52 项，盘锦市科技类奖励 56 项，局级科技类奖励 1058 项。

国家奖励

序号	获奖时间	获奖名称	项目名称
1	1977—1979 年	全国科技大会奖	辽河断陷盆地油气分布规律
2	1982 年	国家自然科学奖四等奖	渤海沿岸地区早第三纪微古生物图册
3	1985 年	国家科技进步奖特等奖	渤海湾盆地复式油气聚集（区）带勘探理论与实践——以济阳等坳陷复杂断块油田的勘探开发为例
4	1985 年	国家科技进步奖一等奖	稠油蒸汽吞吐工艺技术
5	1985 年	国家科技进步奖三等奖	古潜山油气田的形成条件与勘探技术
6	1985 年	国家“六五”科技攻关先进奖	优选参数钻井技术
7	1985 年	国家“六五”科技攻关先进奖	稠油热力开采技术的研究
8	1986 年	国家科技进步奖二等奖	微型计算机在油田生产管理和油藏工程分析中的应用
9	1989 年	国家科技进步奖一等奖	中国石油天然气资源评价研究
10	1989 年	国家发明金奖	L-GSY 高温高压双参数测量仪
11	1991 年	国家科技进步一等奖	定向井、丛式井钻井技术研究
12	1993 年	国家科技进步三等奖	二维盆地模拟图形工作站系统 BMWS 及其应用
13	1994 年	获国家科技成果证书	辽河油田蒸汽吞吐开发技术界限的研究
14	1999 年	国家科技进步三等奖	中生代火山岩研究及其在油气和矿产探查中的作用
15	2008 年	国家科技进步二等奖	稠油污水循环利用技术与应用
16	2009 年	国家科技进步二等奖	中深层稠油热采大幅度提高采收率技术与应用
17	2012 年	国家科技进步二等奖	变质岩内幕油气重大发现与高效开发技术

历史回眸

1967 年 3 月，石油工业部由大庆油田抽调千名精兵强将，组建了“大庆六七三厂”，揭开了辽河油田会战的恢宏序幕。大庆油田从开发研究院（地球物理研究所、区域研究室、试验室）、地质参谋部、钻井指挥部等单位抽调了 70 多名科技人员，组成了“大庆六七三厂地质队”，在辽河盆地开展勘探和地质研究工作，这就是研究院的前身。

随着辽河盆地油气勘探规模的不断发展，参加会战的队伍从四面八方汇聚到辽河之滨。1970 年 3 月 22 日，辽河油田会战正式开始。由于工作需要，会战总部决定将大庆油田六七三厂地质队、测井站、297 地震队、2120 地震队、六四一厂冀中会战指挥部地质连、大港油田三个测井队合并，成立了“三二二油田地质团”，共有 540 多名职工。以后又几易其名：同年 10 月改称三二二油田地质指挥部；1973 年 4 月改称辽河石油勘探局地质处；1976 年 1 月改称辽河石油勘探局科学技术研究院；1990 年改称辽河石油勘探局勘探开发研究院；2000 年更名为中国石油辽河油田勘探开发研究院。

国务院文件

［特急］　（70）国发文27号

国务院批转石油部军管会关于加速下辽河盆地石油勘探的报告

石油部军管会，辽宁省、天津市革委会，冶金部军代表：

国务院同意石油部军管会“关于加速下辽河盆地石油勘探的报告”，现在转发给你们。在确保五七油田会战的前提下，充分发挥石油工业战线上广大革命职工的积极性，自力更生，艰苦奋斗，拿下下辽河油田是完全可能的。这个油田的建成，不仅对解决鞍钢和辽宁地区的燃料构成有现实意义，而且对加速我国石油工业的发展，进一步摸清渤海油田地质情况有重大意义。望你们大力协同做

—1—

好这件工作。

抄送：中央办公厅、军委办事组、沈阳、北京军区、计委生产组。

—2—

国务院批转石油部军管会关于加速下辽河盆地石油勘探的报告

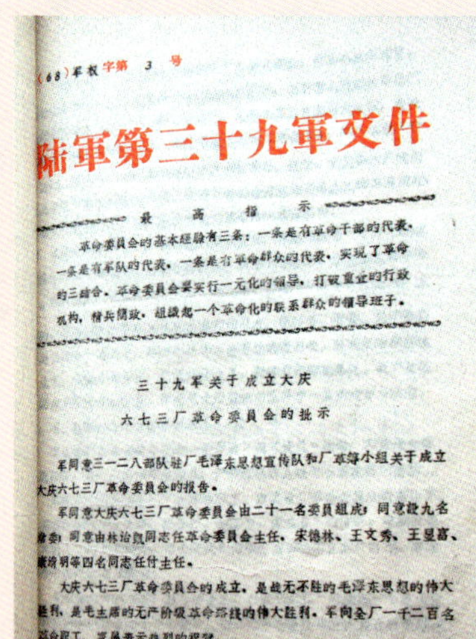

（68）军权字第　3　号

陆軍第三十九軍文件

最　高　指　示

革命委員会的基本經驗有三条：一条是有革命干部的代表，一条是有軍队的代表，一条是有革命群众的代表，实现了革命的三結合。革命委員会要实行一元化的領导，打破重迭的行政机构，精兵簡政，組織起一个革命化的联系群众的領导班子。

三十九军关于成立大庆

六七三厂革命委員会的批示

军同意三一二八部队驻厂毛泽东思想宣传队和厂革筹小组关于成立大庆六七三厂革命委員会的报告。

军同意大庆六七三厂革命委員会由二十一名委員组成；同意設九名常委；同意由林治凱同志任革命委員会主任，宋德林、王文秀、王显富、康培明等四名同志任付主任。

大庆六七三厂革命委員会的成立，是战无不胜的毛泽东思想的伟大胜利，是毛主席的无产阶级革命路线的伟大胜利。军向全厂一千二百名革命职工、家属表示热烈的祝贺。

—1—

陆军第三十九军关于成立大庆六七三厂革命委员会的批示

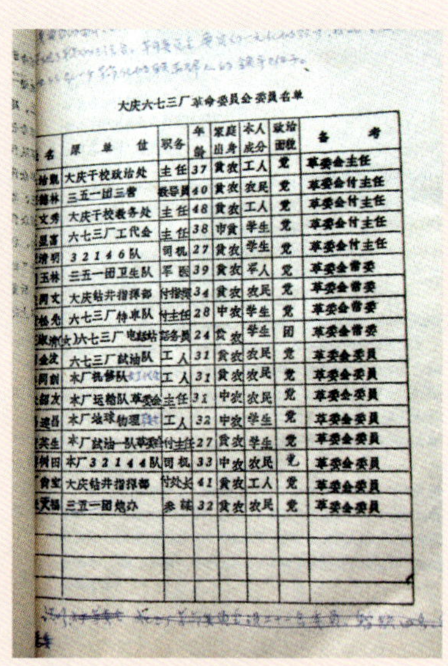

大庆六七三厂革命委員会委員名单

名	原　单　位	职务	年龄	家庭出身	本人成分	政治面貌	备　考
治凱	大庆干校政治处	主任	37	貧农	工人	党	革委会主任
德林	三五一团三营	教导員	40	貧农	农民	党	革委会付主任
文秀	大庆干校教务处	主任	48	貧农	工人	党	革委会付主任
显富	六七三厂工代会	主任	38	市貧	学生	党	革委会付主任
培明	32146队	司机	27	貧农	学生	党	革委会付主任
玉林	三五一团卫生队	军医	39	貧农	军人	党	革委会常委
拥文	大庆钻井指挥部	付指挥	34	貧农	农民	党	革委会常委
松先	六七三厂特車队	付主任	28	中农	学生	党	革委会常委
淑清(女)	六七三厂电话站	話务員	24	貧农	学生	团	革委会常委
金汝	六七三厂試油队	工人	31	貧农	农民	党	革委会委員
拥创	本厂机修队	工人	31	貧农	农民	党	革委会委員
部文	本厂运输队革委会	主任	31	中农	农民	党	革委会委員
建昌	本厂地球物理	工人	32	中农	学生	党	革委会委員
英生	本厂試油一队革委会	付主任	27	貧农	学生	党	革委会委員
树田	本厂32144队	司机	33	中农	农民	党	革委会委員
貴宝	大庆钻井指挥部	付处长	41	貧农	工人	党	革委会委員
天福	三五一团炮办	参谋	32	貧农	农民	党	革委会委員

大庆六七三厂革命委员会名单

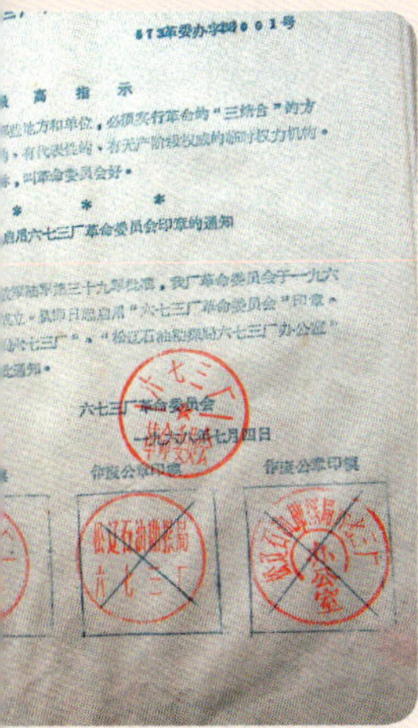

启用六七三厂革命委员会印章的通知

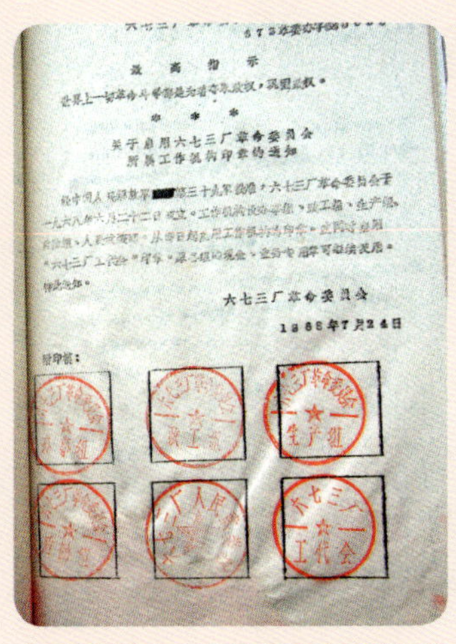

启用所属六七三厂革命委员会机构相关印章的通知

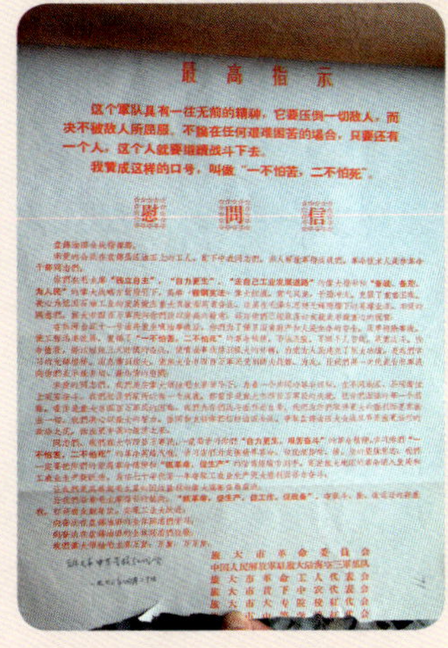

1949 年解放后，大连与旅顺合称为旅大市。这是 1970 年旅大市革命委员会发来的慰问信

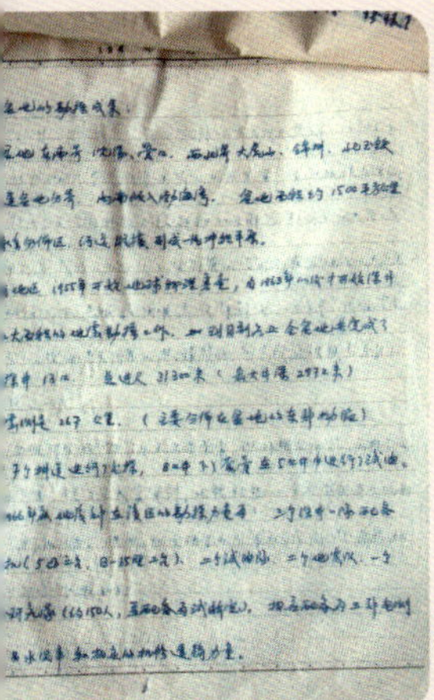

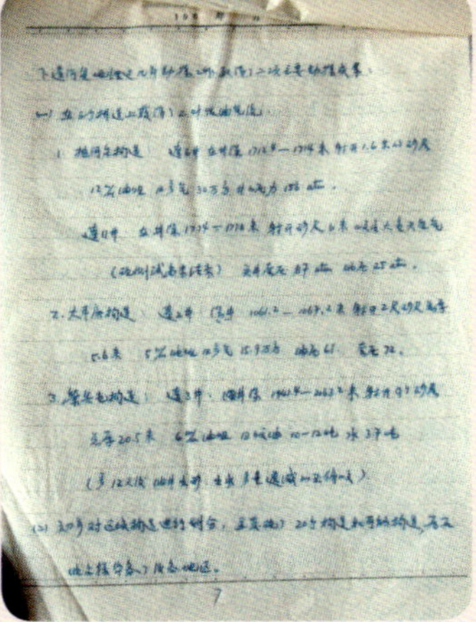

当时科研人员手写记录的勘探地质资料

1968 年，科研人员向上级汇报下辽河盆地勘探成果及 1969 年勘探部署的汇报提纲

故事一：一封电报震京畿

1967年，一支神秘的小队伍悄悄地来到了辽河下游一个叫沙岭的贫困小镇。这个沙岭地方不大，却是因为一次惨烈的战斗而扬名军史。谁也没有想到，20年后，这里又成为另一场战斗的前沿阵地。随着一声巨大的井喷呼啸声后，一个人走进了沙岭小邮局。只见他拿起一张电报纸，支开邮局的工作人员后，急急忙忙写上了几个字，郑重地交给了邮局工作人员，并一脸严肃地说：不许看内容，请速发北京。

电报的具体内容现在已经无法查考了，只知道石油部震动了！国务院震动了！只知道几个月后，一批批头戴铝盔身穿道道服的人高举红旗，拉着钻机从大庆、大港、玉门和祖国四面八方蜂拥而至，只知道一个叫大庆六七三厂的神秘单位在锣鼓鞭炮声中进入了中国石油部的序列。只知道这支队伍越来越壮大，及至后来大庆六七三厂变成了三二二油田。辽河油田，人数已从百十人发展到几十万人，战场西到锦州，北临沈阳，南倚营口，东望鞍山，坐镇盘锦，鞭指渤海，轻骑让辽河油田的大旗远飘海内外！

从此，地下打破了千古的沉寂，地上更是发生了翻天覆地、日新月异的巨变！一排排油井在广袤的辽河两岸星罗棋布；一座座高楼在昔日的南大荒拔地而起；一条条宽阔的柏油大道在稻海花香中纵横延伸；一泓泓灯海在月光下流光溢彩；一座新型的石油城像一颗璀璨的明珠在美丽的湿地上漂浮。

抚今追昔，我们怎能忘却辽河石油人的风雨历程，怎能忘却石油勘探人的艰辛足迹。看看研究院的简要院志吧！

1970—1974年会战兴隆台，靠毛主席的“两论”起家，经过3年的实践与研究，明确了断裂构造带是油气聚集的基本单元，确立了整体解剖二级构造带的思想，突破了“局部构造控制含油”的认识，1973年当年打出兴411千吨井，马20双千吨井，打出或扶植了42口高产井。

1975—1981年勘探团队发扬大庆人拉肩扛精神搬迁到了红村，勘探4年，找到了曙光、高升、欢喜岭3个大油田，在以后对于西斜坡沈阳大民屯牛居的勘探中，对古潜山的勘探取得了进展。勘探西斜坡，认识复式油气藏。用国务委员石油老部长康世恩的话来说，“复式油气藏理论是石油勘探工作上的一个重大发现……是认识上的一次飞跃”。

1982—1986年，在勘探团队搬迁至兴隆台后，应用二维、三维等地震新技术勘探大民屯，5年的勘探，在大民屯凹陷共钻探82口井，找到了大民屯、法哈牛两个油气田，找到了静北等中上元古界石灰岩潜山油藏和许多新油层，总结出了勘探古潜山的一套新理论、新方法。其中，安74井放喷日产原油2508吨，天然气58000立方米，胜10井和胜11井放喷日产原油超千吨。

1987—1990年，勘探新领域，取得新突破。四年的勘探研究，找到了牛心坨、冷家铺、大洼、海外河四个油气田。

35年的勘探开发中，陆续发现并开发了22个油气田，辽河油田实现了历史性的突破，年产原油1300万吨，以至于成为中国石油里的“油老三”！

可以说，每一个油田的发现和开发离不开石油勘探开发团队

的集体智慧和责任感，每一口油井的高产离不开石油勘探开发研究人的足迹和汗水！

如果把当年在沙岭留下的石油勘探人的第一行脚印，比做是沙岭道边的一簇簇小花，到今天的辽河油田已是百花怒放春满园；如果把当年石油勘探人在黄 5 井留下的第一滴汗水比做是一滴石油，到今天辽河油田的石油已如滚滚的油河，浩浩荡荡流淌在共和国的伟岸身躯中！

让我们永远记住最早在辽河油田留下足迹的石油勘探人的先驱吧！他们叫杨继良、王顺荣、陈隆庆、张子忠、闫浩智、廖兴明、张林生，等等。

受团队指派发电报的人叫姚继峰，他所在的团队当时叫石油地质队，现在叫中国石油辽河油田勘探开发研究院。

决战之前

地质论证

现场取心

集思广益

马 20 井投产

故事二：十年磨一剑

油田开发40年转瞬过去了，历史的车轮碾到了21世纪第7个春天。从2007年到2017年，世界发生了巨变，辽河油田勘探开发的进程也进入了一个新的历史阶段，遇到了前所未有的困难。辽河石油该找的地方已经几乎找遍了，原油产量每年在递减，市场经济的大潮也让辽河石油人首当其冲面临前所未有的挑战。

此时，辽河油田勘探团队兵强马壮，已经由大庆六七三厂地质队，六七三厂地质团，三二二油田地质指挥部，辽河石油勘探局地质处，老地质团更名为辽河油田勘探开发研究院。研究院的大楼在辽河油田的首脑机关辽河油田总部办公大楼一道之隔傲然挺立。

这个时期的辽河勘探人已经以全新的面貌出现在辽河两岸的地平线上。她已连年为油田千万吨规模的稳产提供了强劲的动力，从而一跃成为“全国模范地勘单位”“集团公司科技工作先进集体”，荣获辽宁省“五一劳动奖章”。科技先进，设备一流，人员精良，队伍素质和业务水平以非当年所比。地质勘探的技术手段早已进入三维成像和四维成像阶段，电子计算机及电脑电视等通信信息电器让地质勘探开发研究早已进入电器化高科技时代。

但是，勘探开发辽河石油的难度比起当年依然是丝毫未减，在某些方面甚至于难度更大。难度之一是辽河盆地的石油存储面积仅一万多平方千米，在中国各个油田中属于小字辈，在这一万多平方千米的面积中，可以说该找的地方几乎都像过筛子一样把地下的石油找了个遍，再发现新的油气储量就像有些人比喻的“在铁板上种庄稼，在鸡蛋里找骨头”，难上加难。难度之二是储油理论的诸多禁区束缚。在一些老的观念中，很多地方是没有石油存储的可能。比如火山岩裂隙、赵家潜山、清水凹陷，等等。难度之三是，虽然我们的科技水平和找油手段已经趋于现代化，非往日所比，但是，离国际的科技高精端还毕竟有一定的差距。怎么办？中华民族的复兴大梦在等着各个领域的中华儿女去圆，辽河油田的几十万职工家属的“饭碗”在等着辽河石油勘探人的米。此时的研究院从领导到每一名干部职工无不感到无形的“压力山大”。

油田的决策层们几乎天天都在听着来自研究院的工作汇报，有的领导甚至晚上没事也要到灯火通明的研究院大楼院里走一走，看一看。而研究院人更是心急如焚，多次召集专家和有关部门领导及科技人员开会研究，立项攻关，坐镇指挥，调动所有职能部门和科技人员的主观能动性，要求大家一定放下包袱，解放思想，开拓思维，勇于创新，大胆向各种储油禁区“亮剑”。是他们，用智慧为辽河油田牵出一条又一条黑色的油龙。

沙岭驻地

黄金带驻地

故事三：稠油·愁油

20 世纪末，在辽河油田流传着这样一个故事：一个夜黑风高的夜晚，高升采油厂某井站摸进来几个鬼鬼祟祟的偷油贼身影。只见他们打开输油管道的阀门，将黑亮亮的原油装入马车上的油罐里。正当他们窃喜偷油成功，而要赶着马车离去的时候，忽然发现他们马的四蹄被洒落下来的原油紧紧黏住。马悲鸣着、哀号着，无论偷油人怎么驱赶，就是动弹不得。第二天，偷油贼不得不雇来吊车才将其吊出。

无独有偶，还有一个偷油贼偷了满满一车油走了，可是回家后，这油已经凝固成坨，偷油贼想尽了办法也卸不出来。无奈，偷油贼只好把油又拉了回来，恳求石油工人把油卸下来，并表示再也不偷油了。

辽河油田的稠油，不仅让偷油贼发愁，也让辽河采油人、输油人发愁。石油行业流传一句话：“世界稠油在中国，中国稠油在辽河。”在辽河油田，稠油产量占年总产量的 60% 以上，而超稠油又占稠油的很大比例。稠油就像埋在地下的一块肥肉，想让它从地下流出来，是几代辽河人的梦想。

路在何方？从 20 世纪 70 年起，辽河人就一直在为稠油的开发努力着。从开始的注水开发，到后来的汽吞吐、蒸汽驱、蒸汽辅助重力泄油技术，再到如今的火驱技术，辽河油田的技术人员一直在为“稠油不愁”的理想不懈地追求着。

然而，注水开发、蒸汽吞吐等技术对超稠油的开发只是杯水车薪。因为掺活性水降黏，虽然解决了井筒降黏问题，但没有解决油层稠油的稀释问题。而且，以水降黏，经过一段时间后，冷水会使井底和井底附近的油藏堵塞，造成水害。

1978 年，加拿大罗杰·巴特勒博士提出了开采超稠油的 SAGD 技术，即“蒸汽辅助重力泄油”技术。当时加拿大人利用这项技术成功地将超稠油油藏的采收率提高到 60% 以上。而辽河油田主要还是通过蒸汽吞吐等技术开采超稠油，采收率只有 23% 左右。别人怀里抱着西瓜，而我们只有望着手中的芝麻望“稠”兴叹！

为了开发超稠油，20 世纪末，辽河油田曾经将 SAGD 技术引进辽河。然而，由于辽河的地质构造与加拿大有很大的差别，又由于当时掌握的技术和资金等方面的因素，SAGD 技术并没有达到预期的目的。当时，加拿大稠油开发专家对已经探明的曙一超稠油区块判了“死刑”。外方专家认为，辽河曙一区块的超稠油是世界上最稠的。“你们只能把这个开发难题留给你们的子孙后代了。”加拿大专家的话深深刺痛了辽河油田的稠油开发人。“外国人不知道，我们这些人都是大庆精神、铁人精神培养出来的。有条件我们要上，没有条件我们创造条件也要上！”为此，辽河稠油开发的技术人员以其特有的钻研精神，展开了长达数年的技术攻关，硬是把这块硬骨头啃了下来。

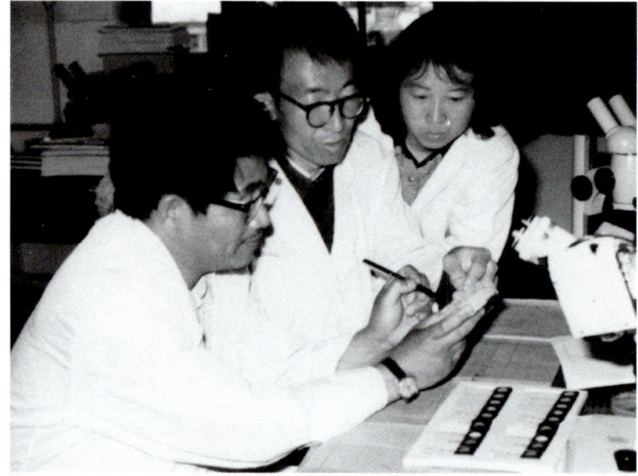

岩矿鉴定

精心部署

新的发现

殷切关怀

倏忽五十二载，研究院的各项工作得到了各级领导的殷切关怀和大力支持，中共中央政治局原委员、国务院原副总理余秋里，国务院原副总理康世恩，中共中央委员、原石油工业部部长王涛，辽宁省原省委书记、原省长全树仁，沈阳军区原司令员刘精松，中国石油天然气总公司原科委主任李天相，中国石油天然气集团公司原总经理陈耕，以及辽河石油勘探局、辽河油田公司领导邓礼让、张林生、刘安、王显骢、王福成、王春鹏、孙崇仁、刘振军、张志东、任芳祥、万军等多次亲临研究院视察和检查指导工作。各级领导充分肯定了广大科技人员为我国石油工业和辽河油田做出的突出贡献，勉励全院员工继续发扬锲而不舍、刻苦攻关、艰苦奋斗、无私奉献的光荣传统，多出成果、多出人才，为保障国家能源安全、为我国石油工业和辽河油田的高质量稳定发展做出更大的贡献！

国务院原副总理余秋里（左一）在研究院听取科技人员汇报工作

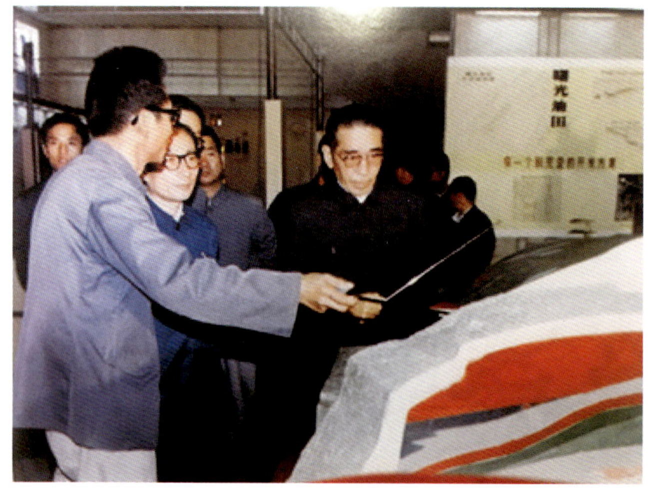

国务院原副总理、原石油工业部老领导康世恩（右一）在研究院考察工作

1991 年 8 月，辽河石油勘探局党委书记刘安（左一）在制图室调研

1991 年 11 月，辽河石油勘探局局长张林生（左一）在研究院调研

1992 年 2 月 13 日，中国石油天然气总公司总经理王涛（前左三）在采收率试验室考察

1992 年 2 月 13 日，中国石油天然气总公司总经理王涛（前左三）在采收率试验室考察

1993 年 8 月，辽宁省人大常委会主任全树仁（中）在计算所考察

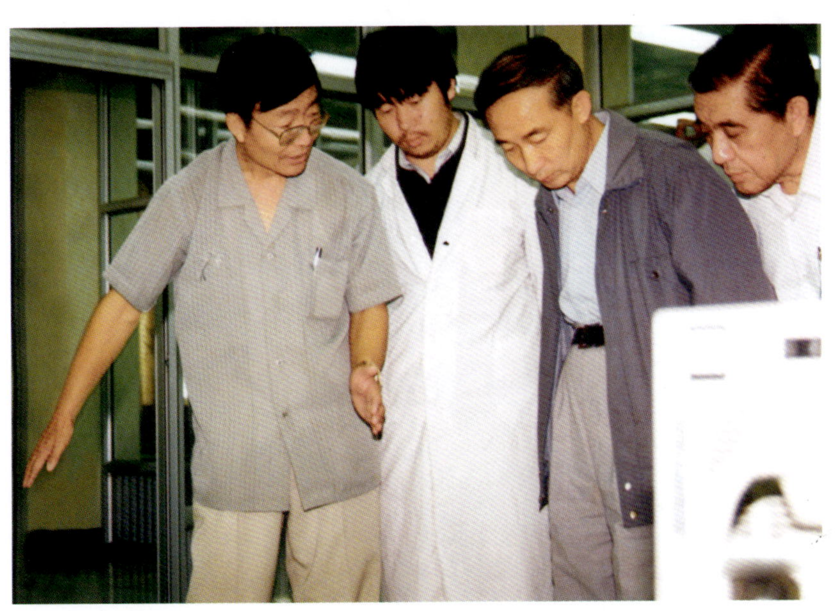

1993 年 6 月 13 日，中国石油天然气总公司副总经理、科委主任李天相（右二）在计算所考察

1994 年 1 月 6 日，中共盘锦市委书记王向民（右二）在计算所调研

1997 年 3 月 24 日，辽宁省省委书记顾金池（前排中）在计算所考察

1997 年 7 月 3 日，辽河石油勘探局局长王显骢（左二）、党委书记王福成（左三）在计算所调研

1997 年 8 月，盘锦市市长程亚军（左二）在研究院调研

1998 年 8 月，辽宁省副省长陈政高（右三）在研究院考察

1999 年 6 月，中国石油天然气集团公司副总经理蒋金楚（左二）在研究院考察

2002 年 3 月 13 日，辽河油田公司总经理王春鹏（右二）在研究院调研

2004 年 3 月 29 日，辽河油田公司党委书记刘振军（右三）在计算所调研

2004 年 8 月 19 日，中国石油天然气集团公司总经理陈耕（前右一）在研究院考察

2005 年中国石油大庆油田公司总经理王玉普（右二）来研究院调研

2007 年 3 月 27 日，中国工程院院士童晓光为研究院建院 40 周年题词

2008 年 7 月 11 日，中国石油天然气勘探开发公司主任卞德智（右二）在试验所调研

2010 年 5 月 4 日，中国石油辽河油田公司党委书记孙崇仁（前中）在试验所稠油热采试验室调研

2014 年 4 月 4 日，中国石油辽河油田公司总经理张志东来研究院调研指导工作

2014 年 4 月 4 日，中国石油辽河油田公司总经理张志东来研究院调研指导工作

2015 年 7 月 15 日，中国石油辽河油田公司总经理张志东来研究院试验大厅检查听取火烧试验技术汇报

2016 年 5 月 17 日，中国石油辽河油田公司党委书记任芳祥来研究院调研指导工作

2016 年 5 月 17 日，中国石油辽河油田公司党委书记任芳祥来研究院调研指导工作

2019 年 1 月 31 日，辽河油田党委书记、总经理万军到研究院调研指导工作

2019 年 2 月 19 日，辽河油田党委书记、总经理万军到勘探开发研究院参加指导民主生活会

2019 年 5 月 6 日，中国石油辽河油田公司党委书记、总经理万军来研究院试验大厅检查指导工作

领导集体

领导名录

时间	单位	职务	姓名	职务	姓名
1967 年 3 月—1968 年 9 月	大庆六七三厂地质队	负责人	杨继良 王顺荣 陈隆庆		
1968 年 9 月—1970 年 4 月	大庆六七三厂地质队	革委会主任	康清明		
1970 年 4 月—1970 年 10 月	辽河石油勘探指挥部地质团	团长	王　涛	政委	黄德秀
1970 年 10 月—1972 年 2 月	三二二油田地质指挥部	革委会组长	荣庆元		
1972 年 2 月—1973 年 6 月	三二二油田地质指挥部	革委会书记	荣庆元		
1973 年 6 月—1976 年 1 月	辽河石油勘探局地质处	书记兼处长	徐天明		
1976 年 1 月—1977 年 11 月	辽河石油勘探局科学技术研究院	书记兼院长	王　涛		

续表

时间	单位	职务	姓名	职务	姓名
1977 年 11 月—1981 年 7 月	辽河石油勘探局科学技术研究院	书记	华光兴	院长	王　涛
1981 年 7 月—1984 年 4 月	辽河石油勘探局科学技术研究院	书记	华光兴	院长	张林生
1984 年 4 月—1990 年 6 月	辽河石油勘探局科学技术研究院	书记	张化佑	院长	甄　鹏
1990 年 6 月—1991 年 7 月	辽河石油勘探局勘探开发研究院	书记	张化佑	院长	甄　鹏
1991 年 7 月—1993 年 3 月	辽河石油勘探局勘探开发研究院	书记	袁　庆	院长	马玉龙
1993 年 3 月—1999 年 9 月	辽河石油勘探局勘探开发研究院	书记	杨兴洲	院长	马玉龙
1999 年 9 月—2000 年 12 月	辽河油田公司勘探开发研究院	书记	杨兴洲	院长	祝永军
2000 年 12 月—2003 年 7 月	辽河油田公司勘探开发研究院	书记	昝立佳	院长	祝永军
2003 年 7 月—2004 年 6 月	辽河油田公司勘探开发研究院	书记	赵立岩	院长	祝永军
2004 年 6 月—2009 年 3 月	辽河油田公司勘探开发研究院	书记	赵立岩	院长	张方礼
2009 年 3 月—2013 年 1 月	辽河油田公司勘探开发研究院	书记	廖代勇	院长	张方礼
2013 年 1 月—2015 年 12 月	辽河油田公司勘探开发研究院	书记	于鸿椿	院长	张方礼
2015 年 12 月至今	辽河油田公司勘探开发研究院	书记	于鸿椿	院长	李晓光

大庆六七三厂地质队负责人王顺荣（1967 年 3 月—1969 年 5 月任职）

大庆六七三厂地质队负责人杨继良（1967 年 3 月—1970 年 3 月任职）

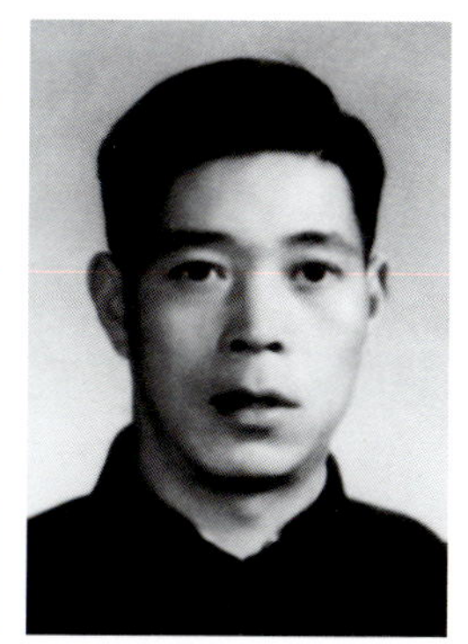

大庆六七三厂地质队负责人陈隆庆（1967 年 3 月—1970 年 3 月任职）

地质团团长王涛（1970 年 3 月—1970 年 9 月任辽河油田会战总指挥部参谋长兼地质团团长，1970 年 10 月—1973 年 4 月兼任地质指挥部指挥，1976 年 1 月—1977 年 11 月任辽河石油勘探局副局长、党委副书记兼科学技术研究院院长、党委书记）

地质团政委黄德秀（1970 年 4 月—10 月任地质团政委、1976 年 1 月—1977 年 12 月任常务副院长）

地质指挥部革命委员会主任、中共地质指挥部核心领导小组组长荣庆元

地质处处长兼党委书记徐天明（右一、1973 年 4 月—1975 年 12 月任职）

科学技术研究院党委书记华光兴（1977 年 11 月—1980 年 1 月任职，1980 年 2 月—1984 年 3 月副局长兼研究院党委书记）

科学技术研究院院长张林生
（1987 年 7 月—1984 年 3 月任职）

研究院党政领导班子（1990）
左起：马连昌、孙德才、宋禹书、朱学江、张化佑、甄鹏、马玉龙、徐勇富、杨孝山

研究院党政领导班子（1992）

第一排左起：袁庆、马玉龙、谭时勇

第二排左起：马连昌、匡久贵、冯作贤、祝学江、廖兴明

第三排左起：王慕章、杨孝山、刘国昌、张学汝、曹维庚、宋禹书

研究院党政领导班子（1997）

第一排左起：杨红兵、张学汝、路久华、曹维庚、马玉龙、杨兴州、谭时勇、吴铁生、谢桂香

第二排左起：王永江、王修文、孟卫工、郭彦臣、昝立佳、金田汉、王慕章、张方礼、祝永军

研究院党政领导班子（2001）
左起：金田汉、谢桂香、王永江、张学汝、张战文、祝永军、昝立佳、刘绍锋、郭彦臣、张方礼、杨兴州、杨红兵

研究院党政领导班子（2007）
第一排左起：李晓光、张方礼、赵立岩、张文坡
第二排左起：武毅、李铁军、龚姚进、赵晓强、刘绍锋、张巨星、陈振岩

研究院党政领导班子（2011）

第一排左起：李晓光、张方礼、廖代勇、龚姚进

第二排左起：刘其成、武毅、李铁军、张巨星、郭平、刘绍锋、单俊峰、赵鹊桥

研究院党政领导班子（2013）
左起：赵鹊桥、刘其成、武毅、龚姚进、于鸿椿、张方礼、李晓光、李铁军、张巨星、郭平、单俊峰

研究院党政领导班子（2018）
第一排左起：武毅、李晓光、于鸿椿、单俊峰
第二排左起：刘宝鸿、胡英杰、李铁军、郭平、张柏祥、刘其成、赵鹊桥、孙洪军

科研生产

科技兴则油气兴，创新强则辽河强，科技创新一直是撬动油田发展的杠杆。从打成第一口井，到千万吨稳产 33 年，勘探开发研究院科研人员秉承“三老四严、苦干实干”的石油精神，持续开展技术攻关，持续深化科研基础条件平台建设，持续推动工程施工技术配套升级，为辽河油田持续稳定发展提供强劲科技动力。国家稠（重）油研发中心落户辽河，变质岩潜山内幕勘探开发、中深层稠油及高凝油开发等多项技术国际领先，对中国石油工业发展起到重要推动作用。

变质岩内幕油气藏勘探理论及综合勘探技术

变质岩内幕油气藏勘探理论及综合勘探技术是具有辽河特色的油气勘探核心技术之一。其内涵为：变质岩内幕由多种岩类构成，在构造应力作用下，不同类型的岩石因其抗压和抗剪能力的差异，形成了非均质性较强的多套裂缝型储层和非储层组合；不整合面、不同期次的断裂及内幕裂缝系统构成了立体化的油气疏导体系；油气以源—储双因素耦合为主导构成有效运聚单元，形成多套相对独立的新生古储型油气藏。形成了变质岩岩性识别、储层评价、内幕结构、裂缝及流体等特色技术。“十五”以来在兴隆台等地区获亿吨级规模储量发现。

冷181井岩心第1盒

火成岩油气藏综合勘探技术

火成岩油气藏综合勘探技术是辽河油田进行火成岩油气藏研究、提高勘探成功率的关键技术。已形成 5 项特色技术：①火成岩岩性及岩相划分与识别技术；②火山岩储层识别与评价技术；③火成岩岩体刻画技术；④火山岩储层地震预测技术；⑤建立了火成岩、火山碎屑岩及碎屑岩油藏复合成藏模式。在东部凹陷及外围取得火成岩油藏勘探重大发现，累计上报探明石油地质储量近 5000 万吨，获省部级科技进步奖 2 项。

筑梦印象

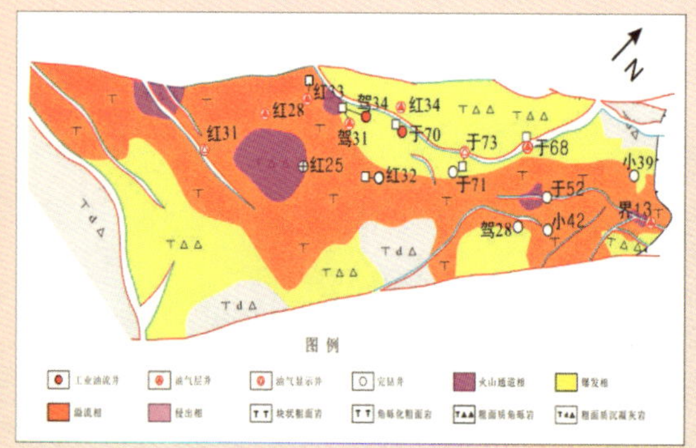

N
红33
红28
红31
红25
驾34
红34
驾31
于70
于73
于68
红32
于71
小39
于52
界13
驾28
小42
图例
工业油流井
油气层井
油气显示井
完钻井
火山通道相
爆发相
溢流相
侵出相
块状粗面岩
角砾化粗面岩
粗面质角砾岩
粗面质沉凝灰岩

东营组
沙一段
沙三段
房身泡
似长石岩
响岩
碱玄质响岩
响岩质碱玄岩
粗安岩
粗面岩 (Q<20%)
粗面英安岩 (Q>20%)
碱性
亚碱性
碱玄岩 (Ol<10%)
碧玄岩 (Ol>10%)
玄武粗安岩
粗面玄武岩
苦橄玄武岩
玄武岩
玄武安山岩
安山岩
英安岩
流纹岩
Na2O+K2O(%)
SiO2(%)

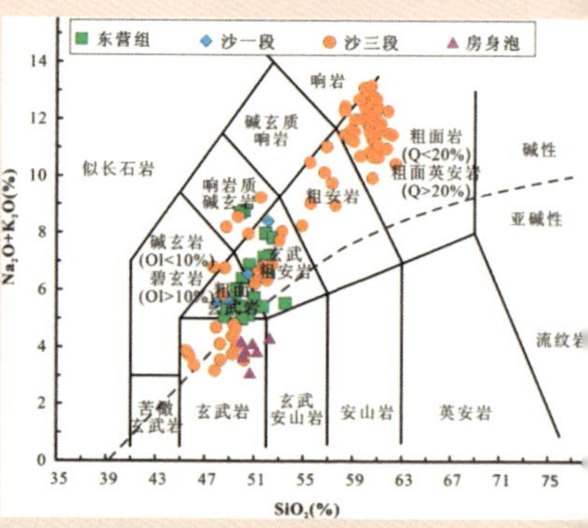

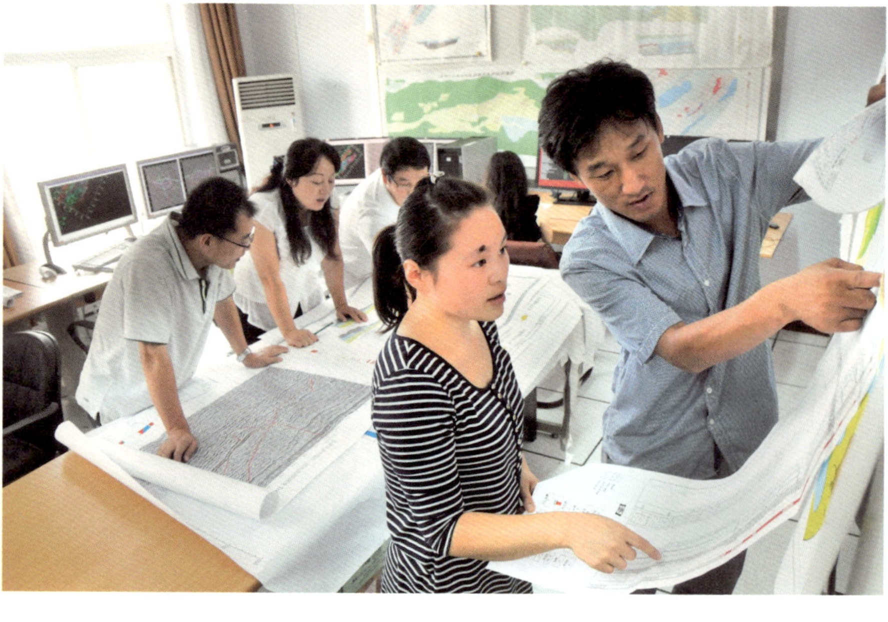

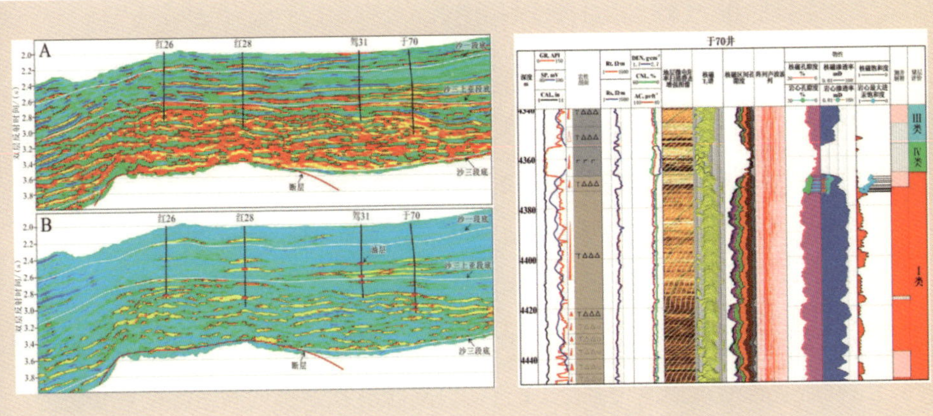
A
红26
红28
驾31
于70
沙一段底
沙三上亚段底
沙三段底
断层
B
油层
于70井
Ⅲ类
Ⅳ类
Ⅰ类

岩性油气藏综合勘探技术

岩性油气藏综合勘探技术是针对不同类型岩性油气藏勘探而形成的多学科联合勘探技术。已形成了古地貌控扇、优势相带控砂、有效储层控藏的认识，建立了陡坡型、缓坡型和洼陷型三种油气成藏模式。形成 4 项关键技术：①岩性目标宽频保幅处理技术；②古地貌恢复及窄凹陷聚砂机制研究技术；③高精度层序及沉积微相研究技术；④“岩性—储层—流体”递进式叠前、叠后联合地震预测技术。“十五”以来相继在西部凹陷东部陡坡带、牛心坨、清水、大民屯西陡坡及外围奈曼、张强、陆东、陆西取得显著的勘探成效，累计净增探明石油地质储量上亿吨。

筑梦印象

致密油气藏勘探技术

致密油气藏勘探技术是当前辽河油田在高成熟勘探阶段，针对非常规资源寻找规模储量发现的重要技术之一，已形成相对完善的关键技术系列：①致密油气资源评价技术；②致密油储层“七性关系”研究及分类评价技术；③富含有机质烃源岩品质分级评价技术；④致密油气藏地震“甜点”预测技术。在雷家湖相碳酸盐岩致密油、双台子致密砂岩气、大民屯页岩油的评价与勘探中取得重要突破，新增三级储量近亿吨，拓展了辽河油田的找油空间。研究成果获省部级科技进步奖 2 项，形成企业标准 3 项。

中美第三次页岩气技术交流会

复杂断块油气藏滚动勘探开发技术

复杂断块油气藏滚动勘探开发技术立足于区域性构造演化认识、沉积体系剖析和成藏规律研究，在实践中发展完善，逐步形成以“老区扩展找边界、老区内部找新层、老区周边找新块、老区新带找发现”及“富油气区带潜力整体再评价”为核心的“四

老四新一整体”的勘探开发思想，构建了具有辽河特色的滚动勘探开发技术系列。在实践过程中，既注重分析局域性特点，又着眼解析区域性背景；既深入剖析单元个性，又系统认识整体规律；既突出挖掘增储潜力，又强调扩展建产空间。该技术的应用，累计增加探明储量 3 亿多吨，带动实施产能井 2000 余口，建成原油生产能力 300 万吨。

LINE560

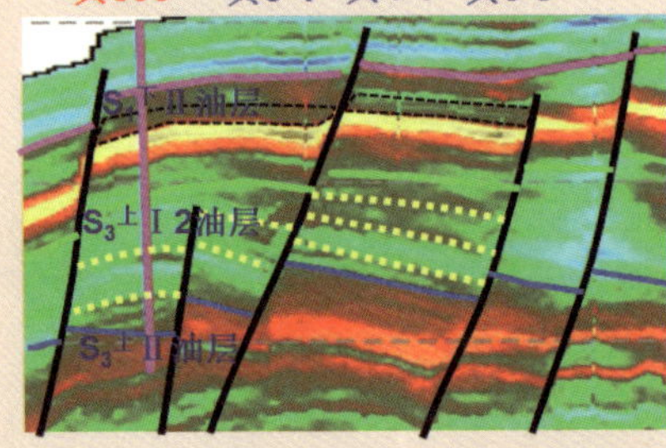

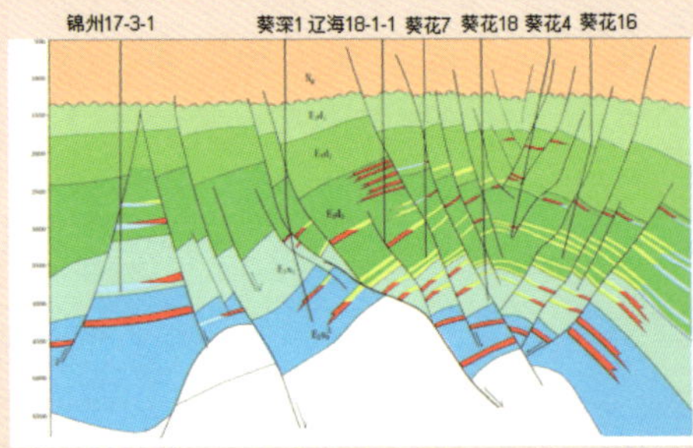

小断层剖面识别技术

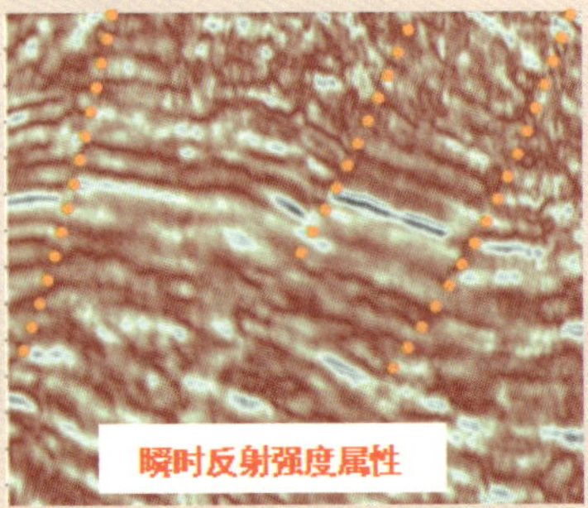

瞬时反射强度属性

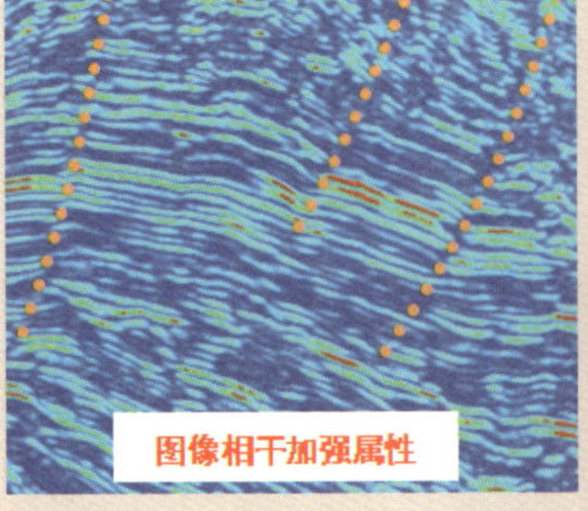

图像相干加强属性

小断层平面识别技术

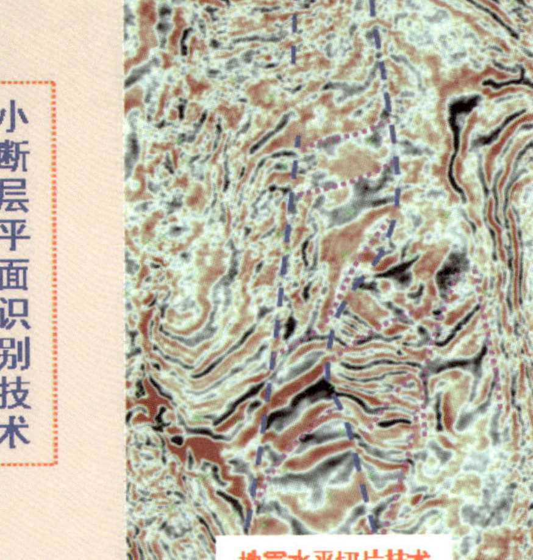

地震水平切片技术

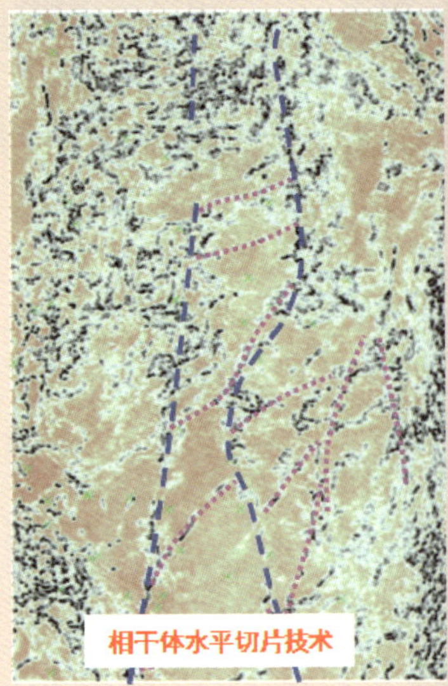

相干体水平切片技术

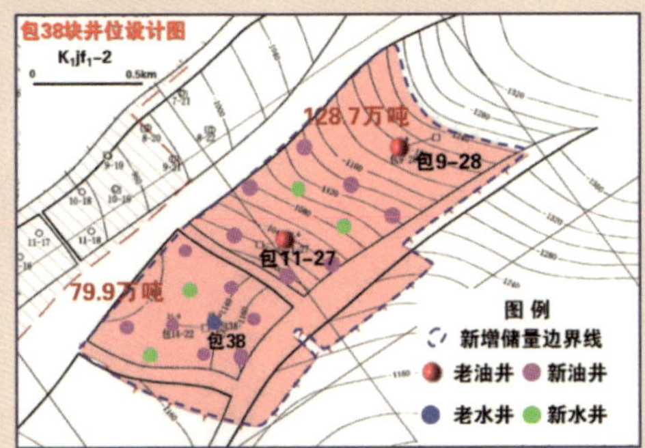
包38块井位设计图
K_1jf_1-2
0
0.5km
128.7万吨
包9-28
包11-27
79.9万吨
包38
图 例
新增储量边界线
老油井
新油井
老水井
新水井

小波变换分频属性体

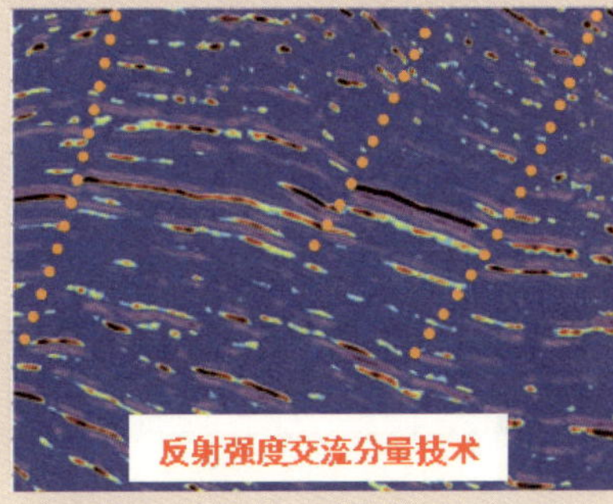
反射强度交流分量技术

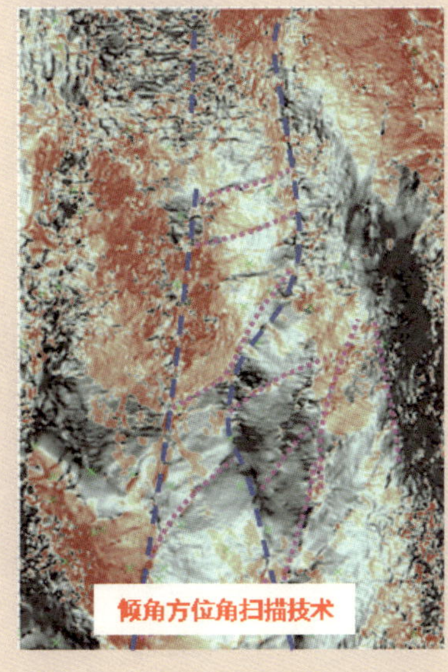
倾角方位角扫描技术

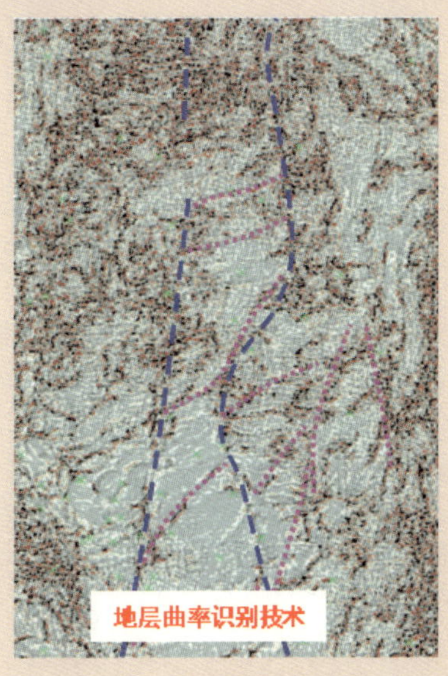
地层曲率识别技术

蒸汽驱开发技术

蒸汽驱开发技术是稠油油藏吞吐后大幅提高采收率的核心技术之一。自主研发大型多功能高温高压三维比例物理模型，揭示中深层稠油蒸汽驱替与剥蚀复合作用机理。原创重力泄水辅助蒸汽驱技术、发展复合蒸汽驱技术，蒸汽驱实施深度界限由1000米拓展至1400米，油品由普通稠油拓展至特、超稠油，在热采储层研究、油藏工程设计、实施跟踪调控等方面形成10项关键技术，授权专利15项，形成国家标准1项、行业标准3项、企业标准8项，股份公司技术秘密10项。在齐40等8个区块实施该技术，采收率较蒸汽吞吐提高20%~30%，整体技术达到国际先进，2009年获国家科技进步二等奖。

曙一区兴隆台油层开发井位

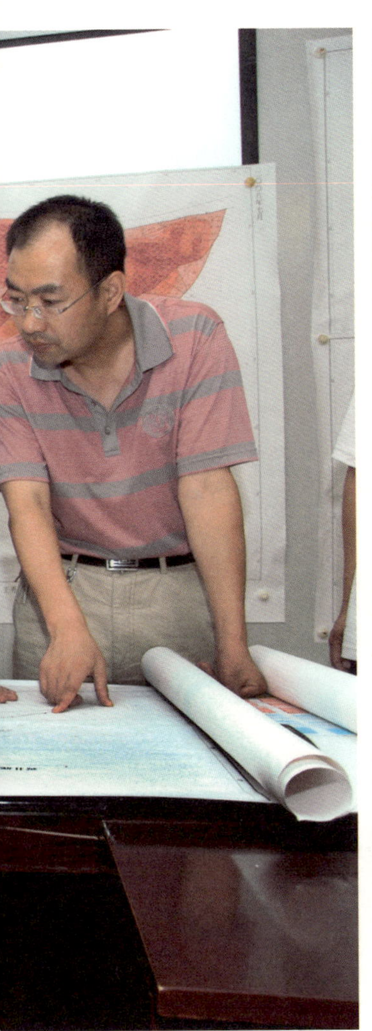

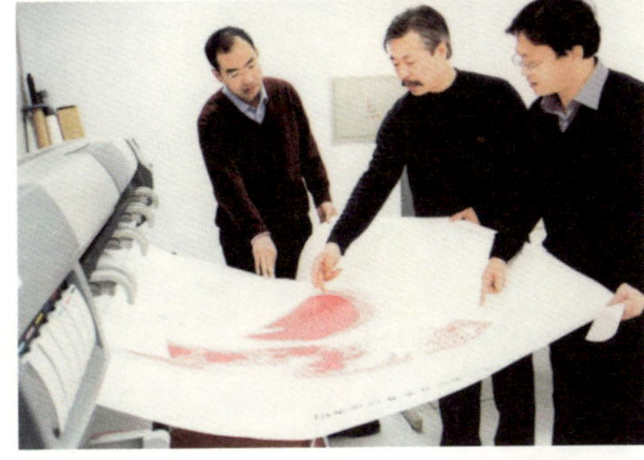

筑梦印象

蒸汽驱开发动态跟踪分析

筑梦印象

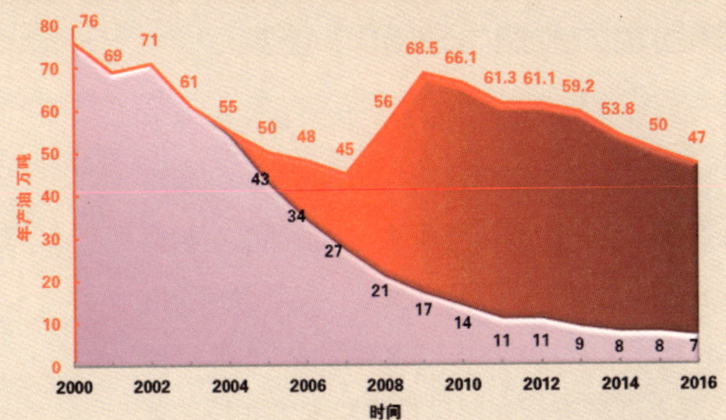

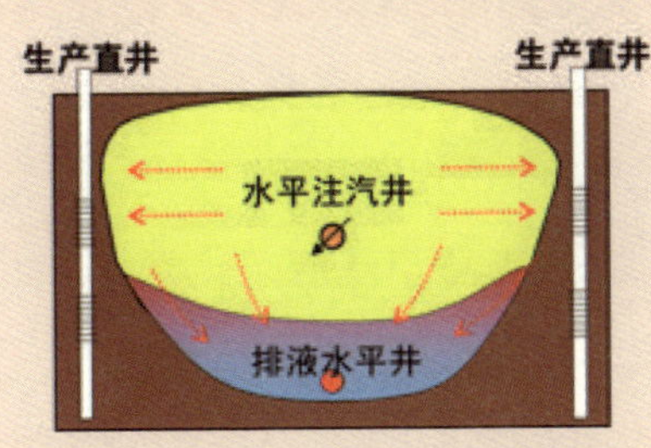

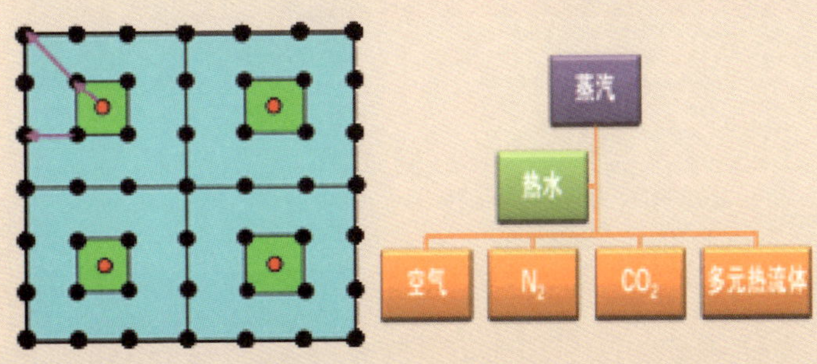

回形井网设计　　多元介质蒸汽驱优化设计

蒸汽辅助重力泄油（SAGD）技术

蒸汽辅助重力泄油（SAGD）技术是超稠油油藏吞吐后大幅提高采收率的核心技术之一。创新建立蒸汽吞吐、蒸汽驱、蒸汽辅助重力泄油联动相似准则，原创驱泄复合立体开发技术，发展多介质组合 SAGD 技术，SAGD 实施厚度界限由 15 米降至 12 米，形成直平组合井网设计、双水平井循环预热、大型并行数值模拟等 10 项关键技术，授权专利 10 项，形成行业标准 2 项，企业标准 3 项，发表论文 8 篇。杜 84 块 SAGD 实施 65 个井组，培养百吨井 13 口，实现连续 6 年上产，年产规模达到百万吨，建成国内最大的超稠油 SAGD 生产基地，采收率 60%，油气比保持在 0.22 以上，整体技术处于国际领先。

筑梦印象

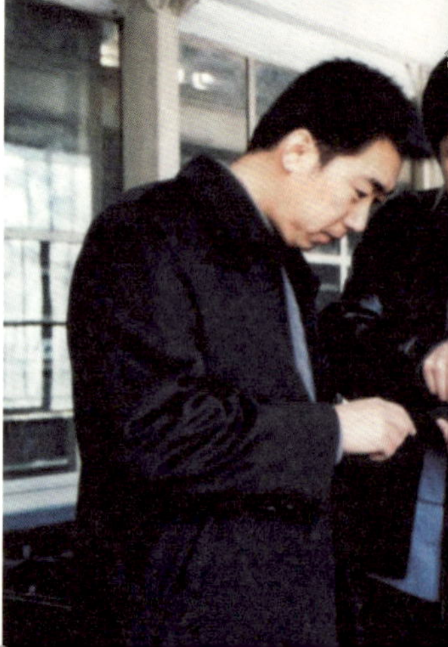

火烧油层技术

火烧油层技术已成为辽河稠油油藏吞吐后提高采收率的重要接替技术。建立平面火驱及重力火驱相似理论，自主研制火驱大型三维比例物理模型，攻关形成多层火驱、厚层火驱技术，建立多层油藏火驱实施技术界限，形成厚层油藏分段火驱设计方法，编制完成国内最大火驱试验方案，形成火驱数值模拟、油藏工程设计、火线前缘监测与调控等 8 项关键技术，授权专利 20 项，形成行业标准 3 项，企业标准 5 项。在杜 66 区块建成国内最大火驱试验基地，实施火驱井组 105 个，日产油 740 吨，年产油 25 万吨，采收率 55.2%，较蒸汽吞吐提高 28%。

稠油热采比例物理模拟
控制系统

筑梦印象

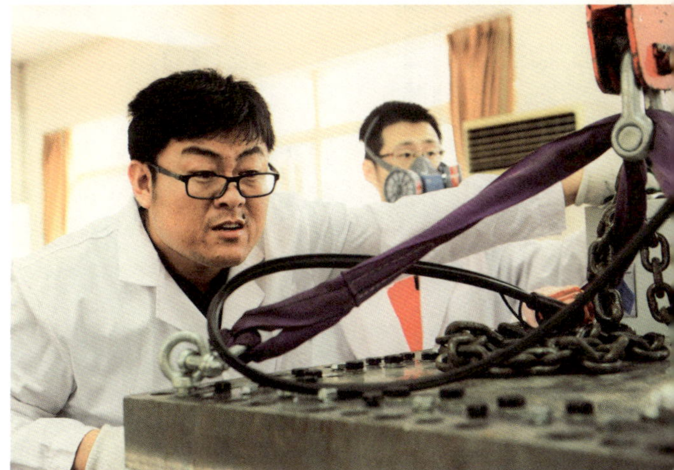

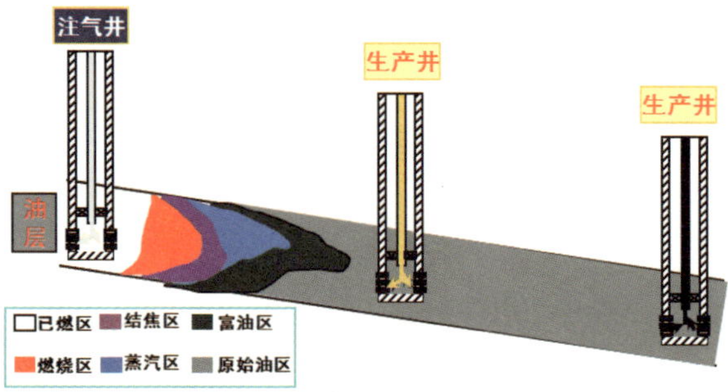
注气井
生产井
生产井
油层
已燃区
结焦区
富油区
燃烧区
蒸汽区
原始油区

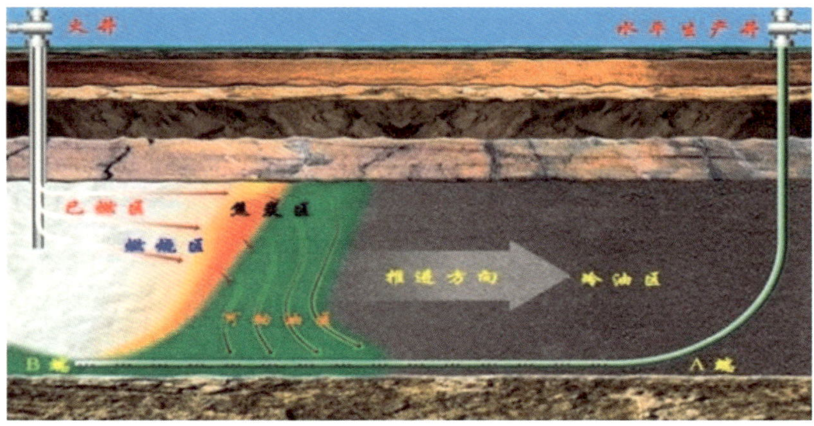
水平生产井
已燃区
焦炭区
燃烧区
推进方向
冷油区
B端
A端

气液分离器

多元开发技术

多元开发技术是辽河油田稀油高凝油油藏提高采收率的主体技术。攻关形成精细油描、分层开发、“二三”结合、多元注水、非烃类气驱等五项核心技术，以及井震结合储层精细描述、单砂体剩余油综合描述、“直平”组合复合井网优化、低渗储层非烃类气驱优化等9项关键技术，整体达到国内领先水平。获得国家授权专利14项、研发实验装置3台、制定技术规范与标准3项，发表论文30篇。技术推广后覆盖储量2亿吨，采收率提高6.6%，实现稀油高凝油产量由2009年375万吨逐步提高到2018年的410万吨，三率指标持续下降。

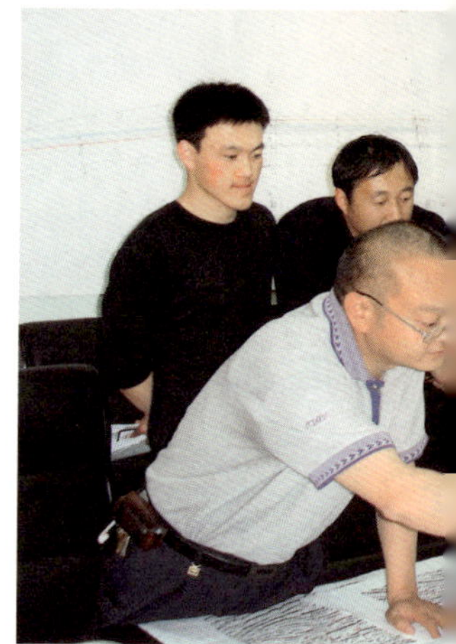

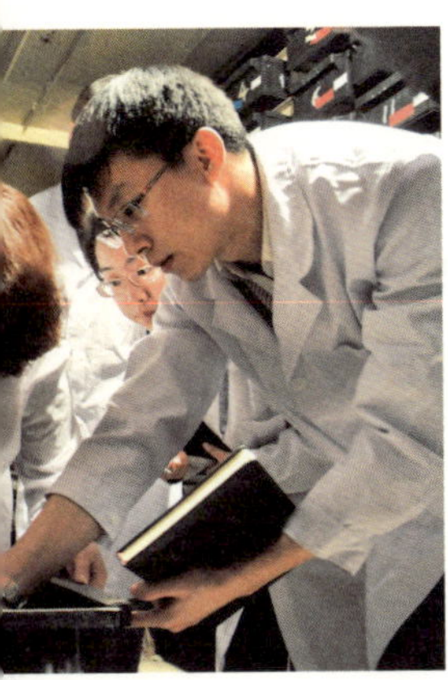

化学驱技术

化学驱技术是稀油高凝油油藏提高采收率的主要接替技术。创新形成高效聚表二元驱配方体系，驱油体系黏度保留率高达 89.1%，界面张力在 0.1% 低浓度下达到超低，较水驱提高驱油效率 25.5%，与三元复合驱水平相当。在化学驱储层精细描述、油藏工程设计、全过程评价及调控等方面形成 9 项关键技术，整体处于国内领先水平。获省部级成果奖 2 项，授权发明专利 2 项，形成企业标准 3 项，发表国内外学术论文 18 篇。在锦 16 块建成中国石油最大聚表复合驱工业化试验区，实施井组 25 个，高峰期日产油 350 吨、综合含水 82.1%，产量增加 5 倍、含水降幅 14.6%，最终采收率 70%，与水驱对比提高采收率 19%。

筑梦印象

UPS

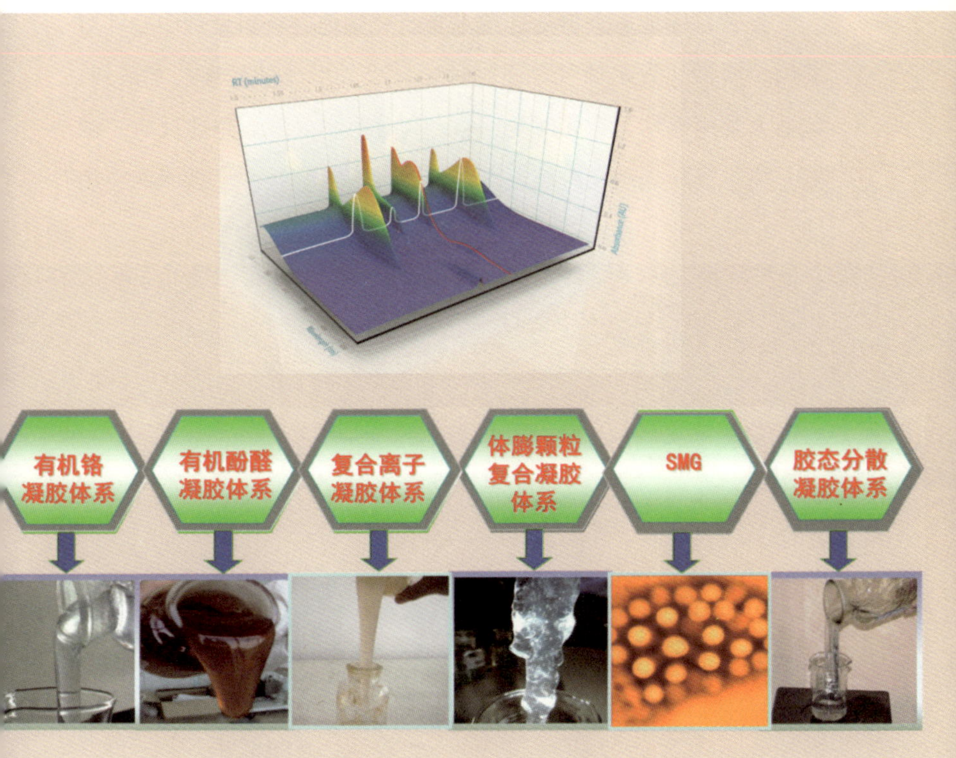
有机铬
凝胶体系
有机酚醛
凝胶体系
复合离子
凝胶体系
体膨颗粒
复合凝胶
体系
SMG
胶态分散
凝胶体系

复杂目标地震资料处理技术

复杂目标地震资料处理技术是研究院地震资料处理中心针对潜山、岩性、致密油气等不同目标，攻关形成的处理技术系列，包括大规模连片、叠前深度偏移、高分辨率处理、叠前反演、“两宽一高”资料处理及海域资料特殊处理等 8 套技术。技术的应用

有效提升了地震资料品质，在整体区带评价、潜山和岩性勘探、水平井部署等领域取得了非常好的效果。科研成果获省部级奖 6 项，市局级奖 40 余项，研制的“一种用于处理物探地震数据的动校正拉伸切除方法”等 5 项特殊处理方法取得了国家发明专利证书，整体处理技术达国内先进水平。

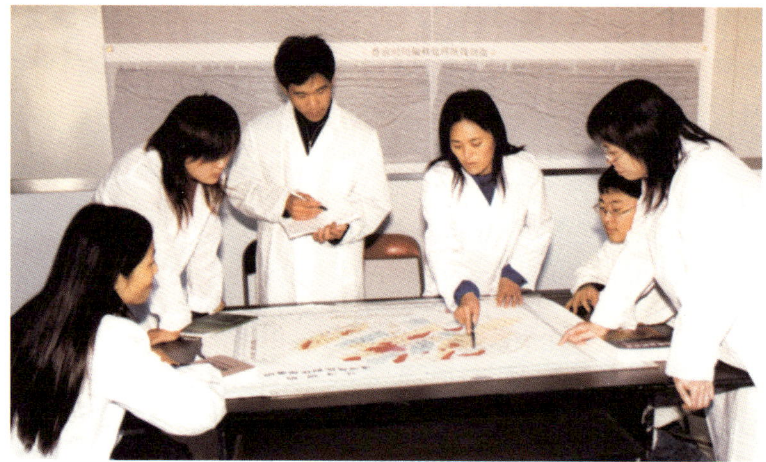

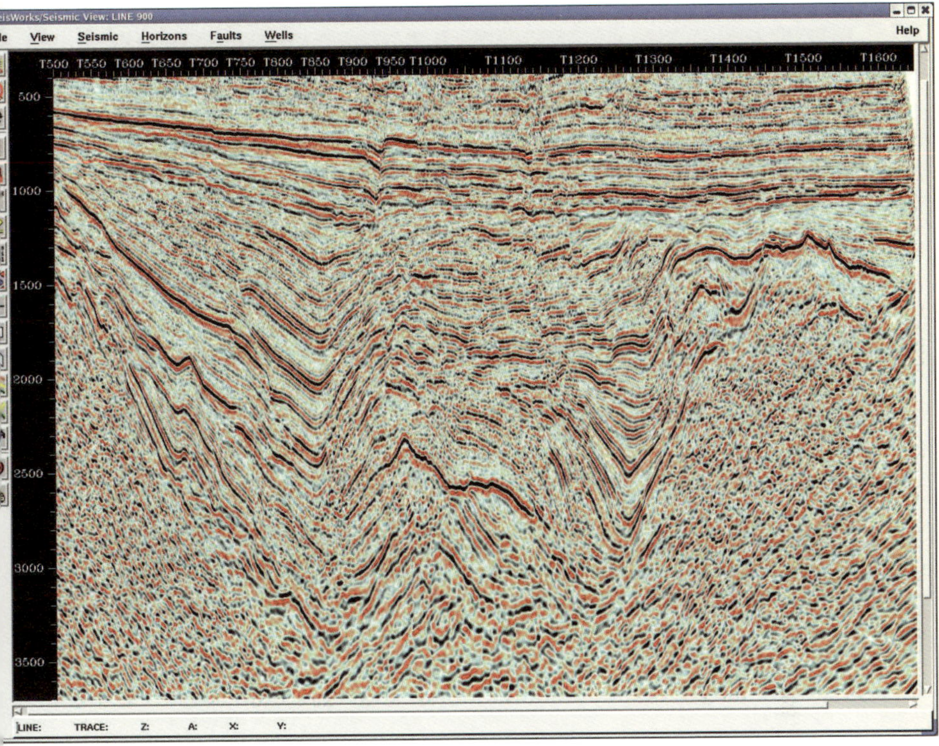

Seismic View: LINE 900
View
Seismic
Horizons
Faults
Wells
Help
T500 T550 T600 T650 T700 T750 T800 T850 T900 T950 T1000 T1100 T1200 T1300 T1400 T1500 T1600
500
1000
1500
2000
2500
3000
3500
LINE:
TRACE:
Z:
A:
X:
Y:

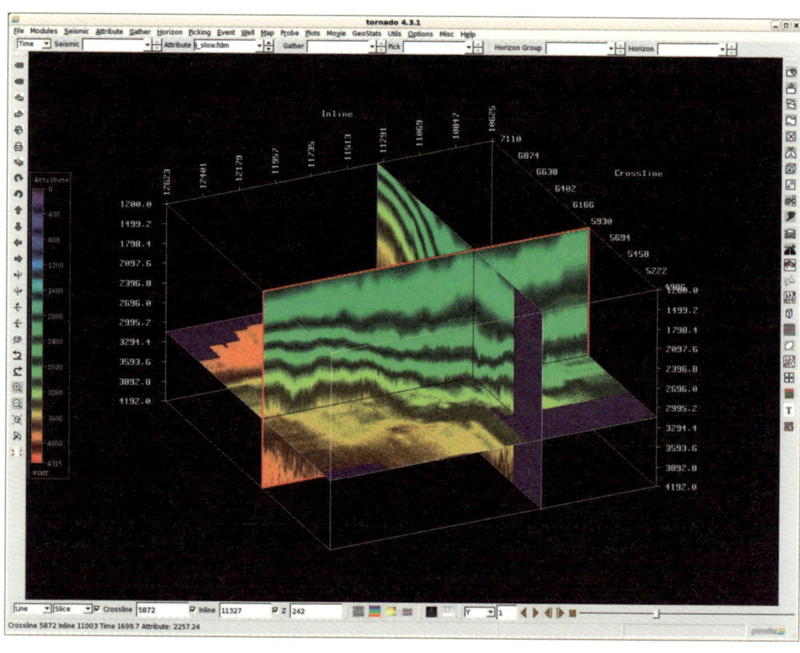
tornado 4.3.1
File Modules Seismic Attribute Gather Horizon Picking Event Well Map Probe Plots Movie GeoStats Utils Options Misc Help
Time Seismic Attribute i_slow.fdm Gather Pick Horizon Group Horizon
Inline
12623 12401 12179 11957 11735 11513 11291 11069 10847 10625
7110 6874 6638 6402 6166 5930 5694 5458 5222 4986
Crossline
1200.0 1499.2 1798.4 2097.6 2396.8 2696.0 2995.2 3294.4 3593.6 3892.8 4192.0
Attribute
0 400 800 1200 1600 2000 2400 2800 3200 3600 4000 4315
VINT
Line Slice Crossline 5872 Inline 11327 Z 242
Crossline 5872 Inline 11003 Time 1699.7 Attribute: 2257.24

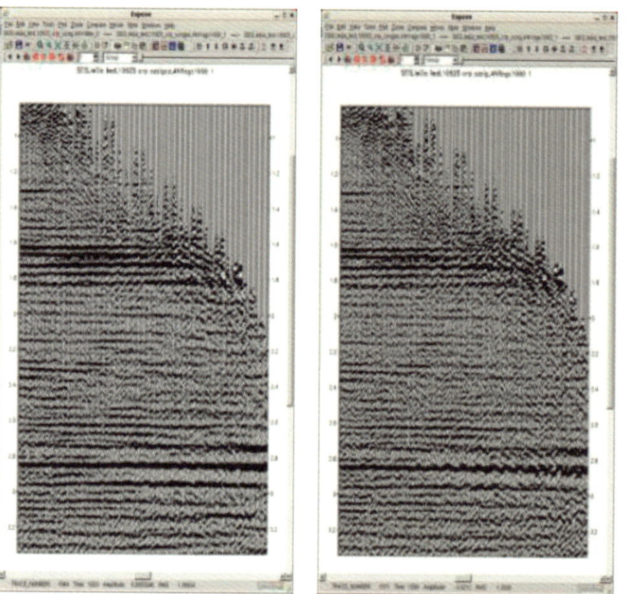

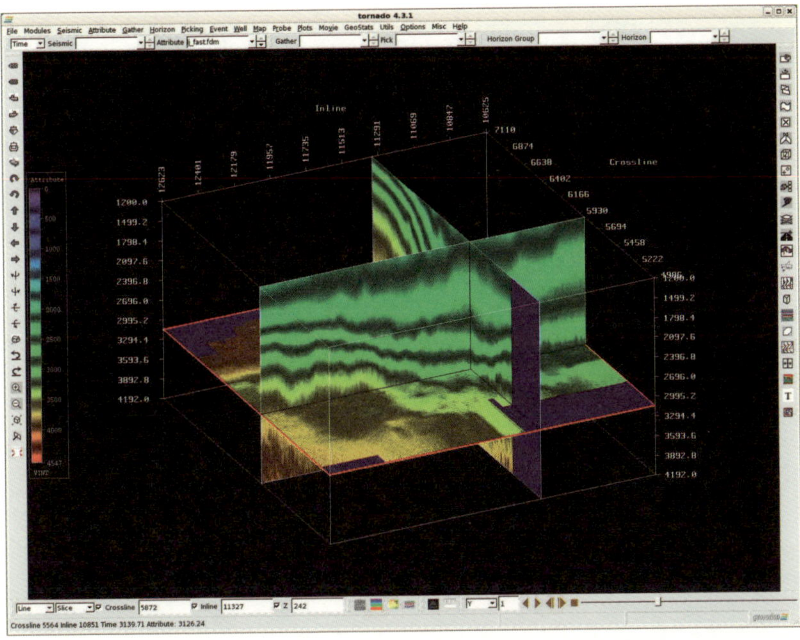
tornado 4.3.1
File Modules Seismic Attribute Gather Horizon Picking Event Well Map Probe Plots Movie GeoStats Utils Options Misc Help
Inline
Crossline
Crossline 5564 Inline 10851 Time 3139.71 Attribute: 3126.24

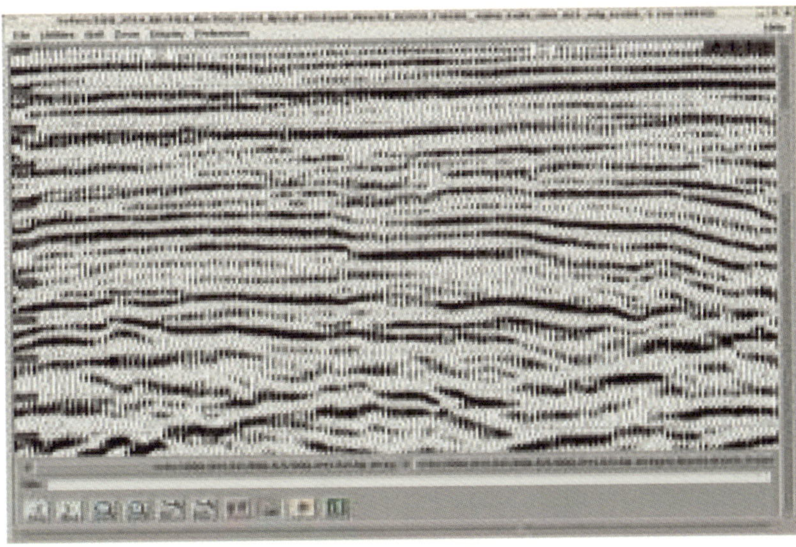

hn4
hn7
s94
sh301
s202
s204
s201
s206
s210
h176
j312
j310
j307
s203
j325
j117
j129
j101

高分辨率处理及叠前反演技术
处理效果对比
横波阻抗反演结果
快波速度
慢波速度
时差校正前道集
时差校正后道集
常规偏移剖面
叠前深度偏移剖面

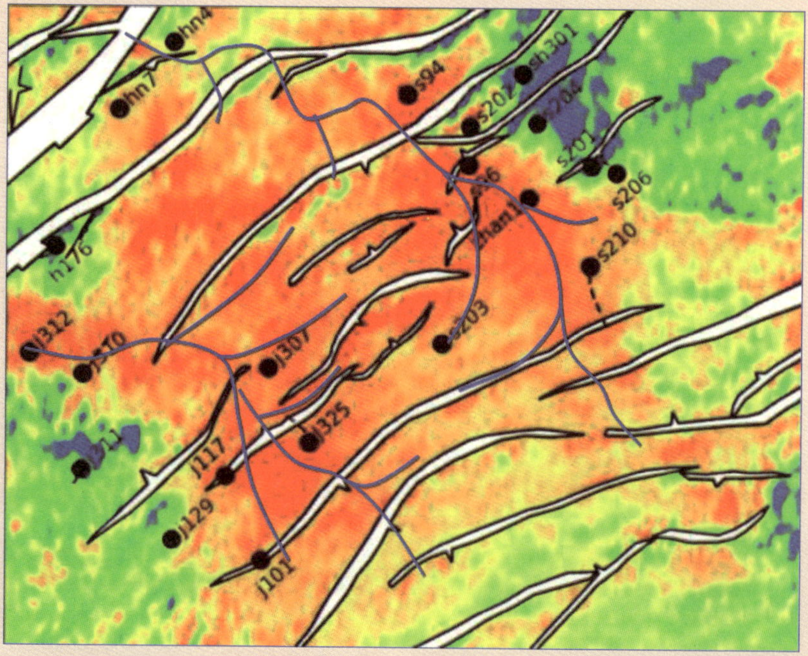

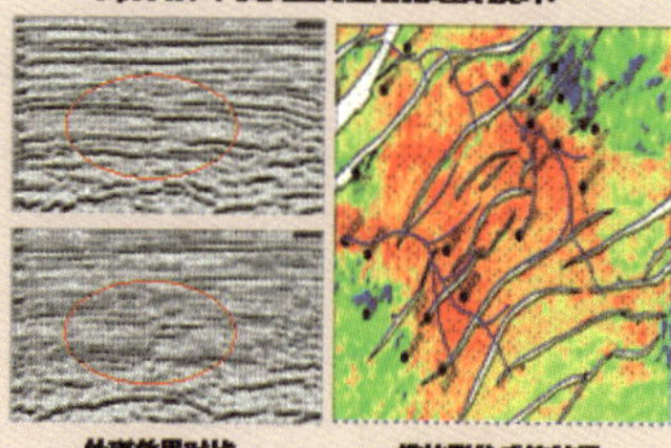

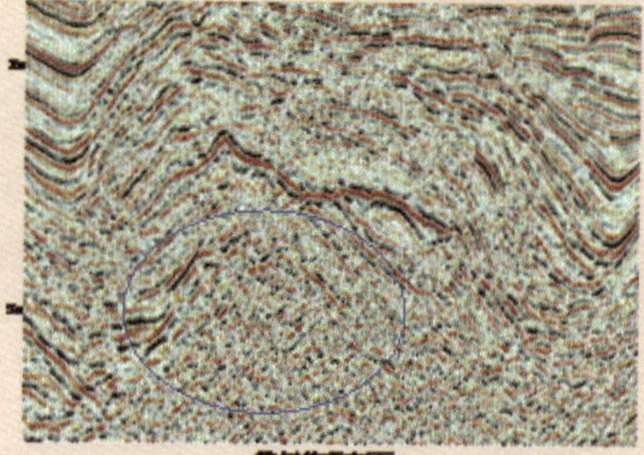

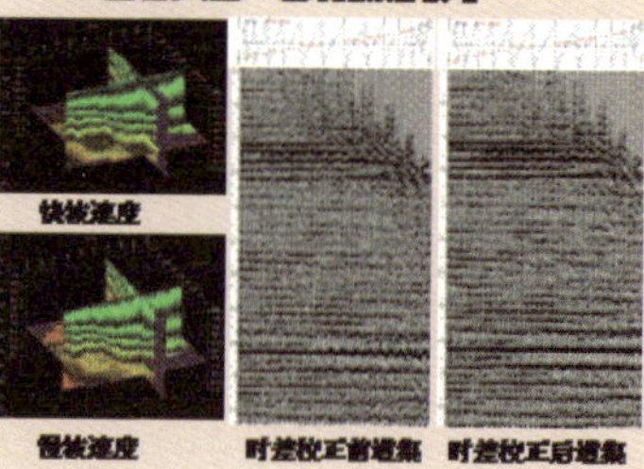

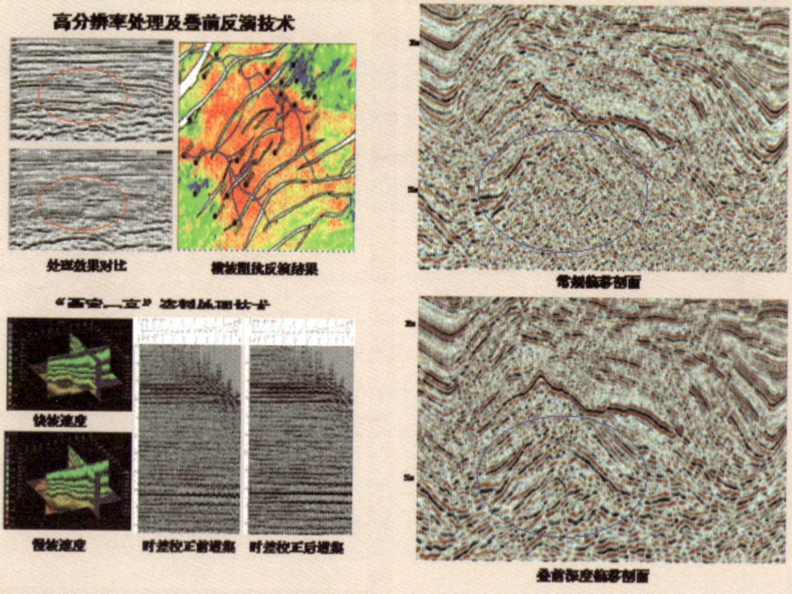

地质与开发实验技术

辽河油田极其复杂的地质背景，以及多样的油品性质、多种的油藏类型，对勘探开发实验技术提出了更高的要求。经过 50 多年的积累与实践，建立了油、气、水、岩石和化学剂分析，储层综合评价以及稀油、高凝油、稠油提高采收率实验等 26 个技术系列 300 余项 1000 多个参数的实验手段与方法，拥有仪器设备 1000 余台以及多元开发方式模拟等特色技术。拥有国家发明专利 28 项，制修订国家和行业标准 18 项、企业标准 14 项。

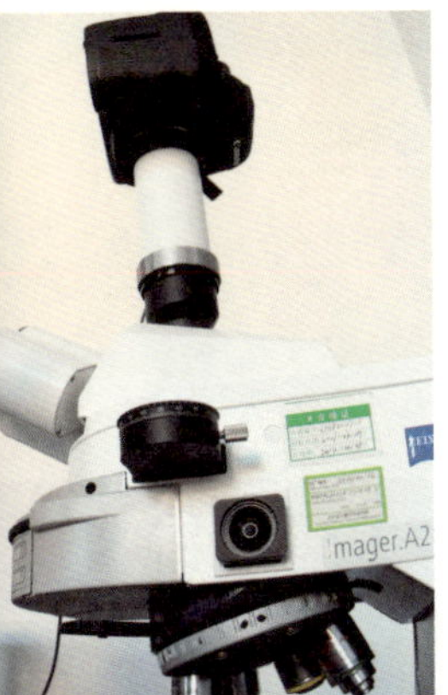
Imager.A2

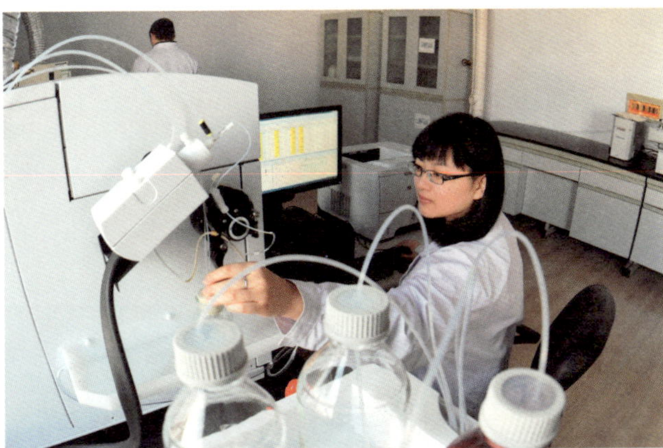

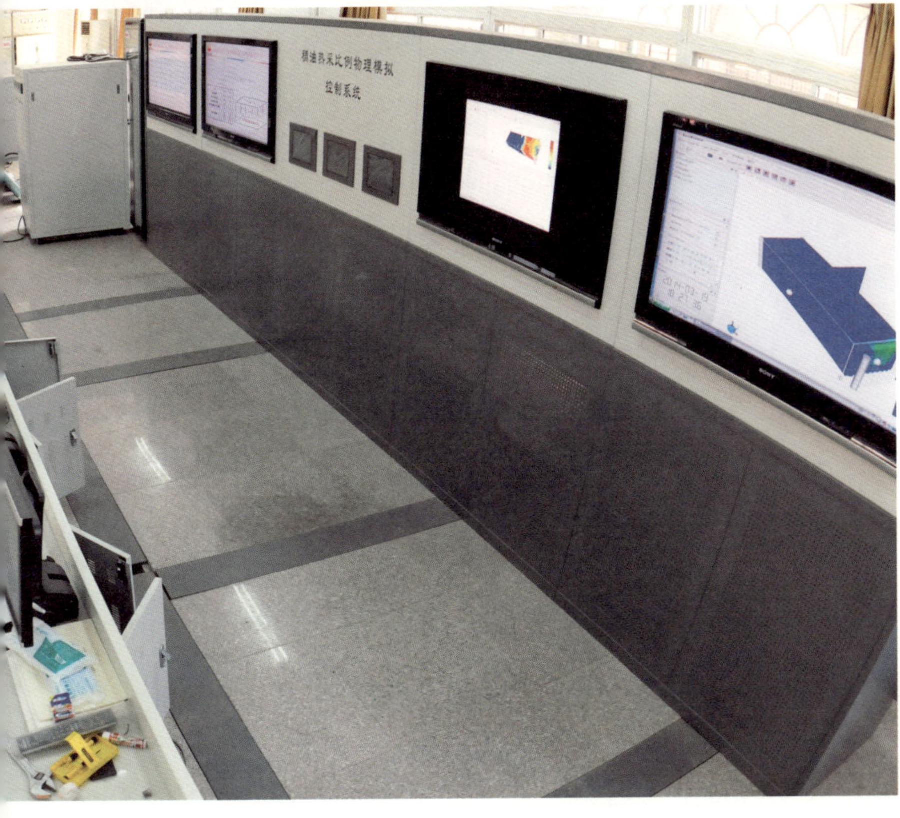

筑梦印象

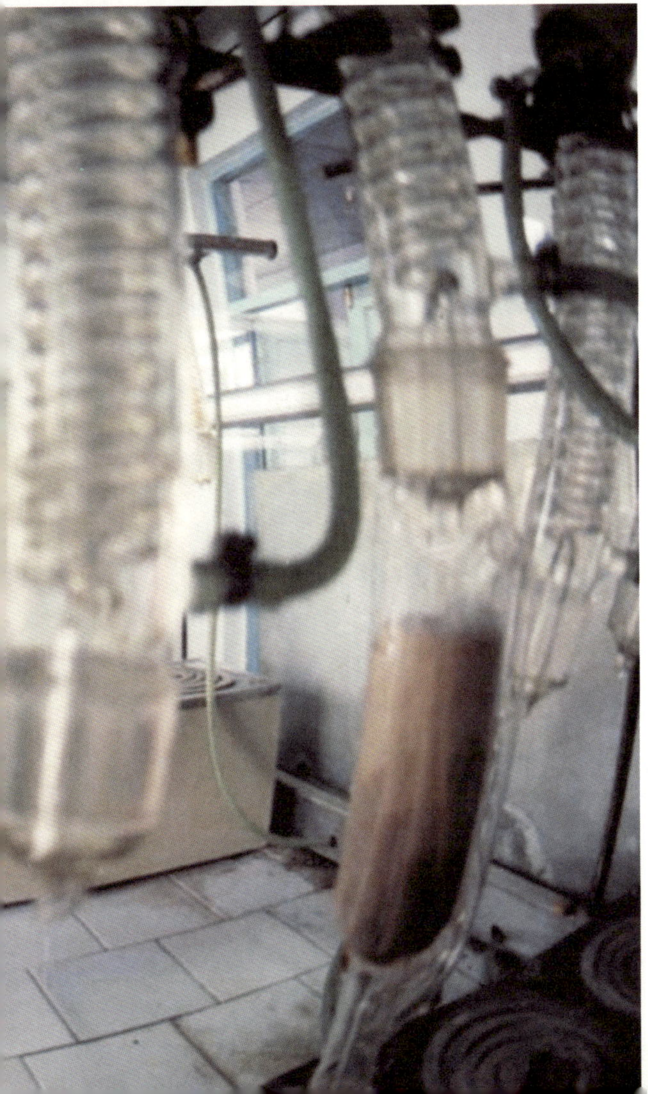

石油与天然气行业大数据与云计算技术

通过多年的自主研发，形成了具有辽河特色的大数据与云计算技术系列。获国家专利6项，软件著作权10套，发表论文百余篇。利用大数据技术，从专业数据采集、发布应用、部署审批、随钻分析到现场跟踪，实现了油田专业数据的“采、管、用、享”一体化；利用云计算技术，构建了全面支持地震解释、地质综合研究等多专业协同研究的一体化工作平台。该套技术的研发与应用，为科研生产提供多专业、全方位数据支持，多层次、全过程技术应用，满足了凹陷整体解剖、区块精细研究的需要，促进了综合研究及决策水平的提高。

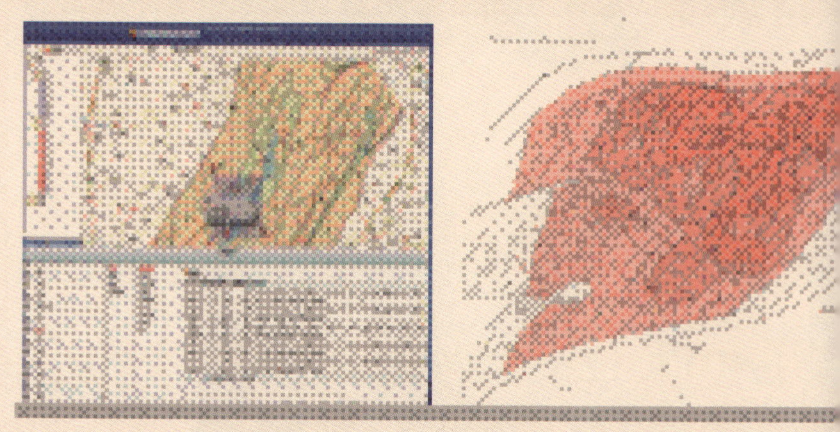

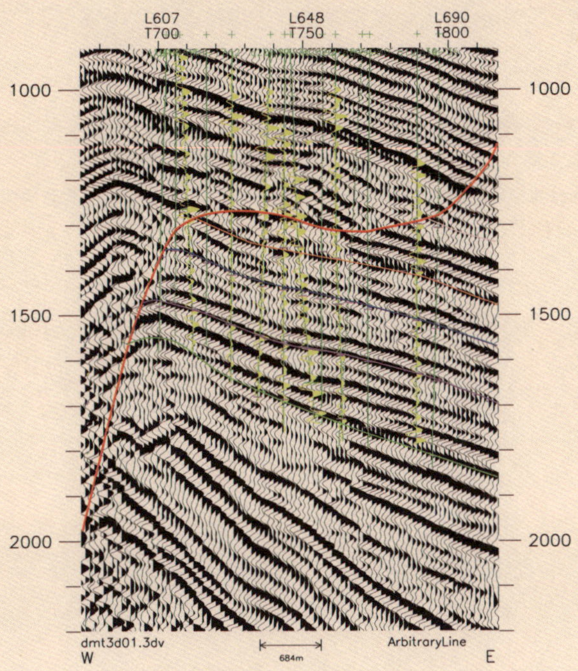
L607
T700
L648
T750
L690
T800
1000
1500
2000
1000
1500
2000
dmt3d01.3dv
W
684m
ArbitraryLine
E

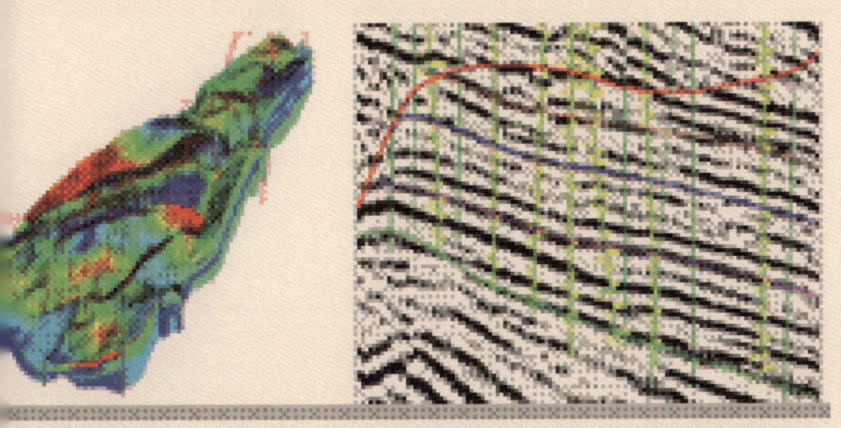

中华人民共和国国家版权局

计算机软件著作权登记证书

证书号：软著登字第[illegible]号

软件名称：石油与天然气行业井筒数据管理系统 V1.0

著作权人：中国石油天然气股份有限公司

开发完成日期：2012年12月12日

首次发表日期：未发表

权利取得方式：原始取得

权利范围：全部权利

登记号：2014SR186920

根据《计算机软件保护条例》和《计算机软件著作权登记办法》的规定，经中国版权保护中心审核，对以上事项予以登记。

中华人民共和国国家版权局 计算机软件著作权登记专用章

No. 00582756

2014年12月03日

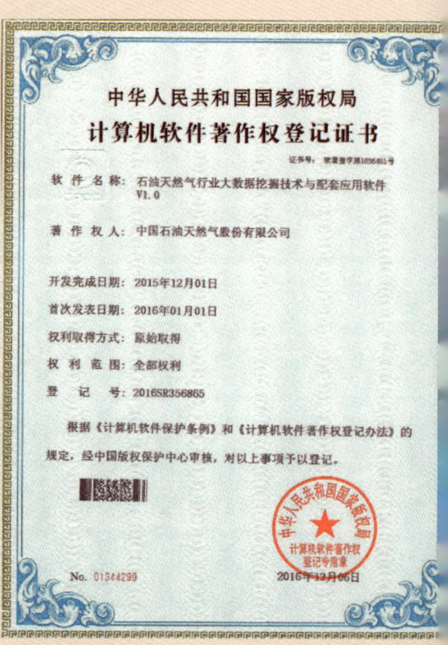

中华人民共和国国家版权局

计算机软件著作权登记证书

证书号：软著登字第[illegible]号

软件名称：石油天然气行业大数据挖掘技术与配套应用软件 V1.0

著作权人：中国石油天然气股份有限公司

开发完成日期：2015年12月01日

首次发表日期：2016年01月01日

权利取得方式：原始取得

权利范围：全部权利

登记号：2016SR356865

根据《计算机软件保护条例》和《计算机软件著作权登记办法》的规定，经中国版权保护中心审核，对以上事项予以登记。

中华人民共和国国家版权局 计算机软件著作权登记专用章

No. 01344299

2016年12月06日

中华人民共和国国家知识产权局
STATE INTELLECTUAL PROPERTY OFFICE
OF THE PEOPLE'S REPUBLIC OF CHINA

专利登记簿副本

专利号:ZL201010107046.5 证书号:878181

I 著录项目

发 明 名 称: 一种地质图件的图例矢量化方法及装置
申 请 日: 2010年02月09日
公 开 日: 2010年08月25日
授 权 日: 2011年12月14日
主 分 类 号: G01V 3/38(2006.01)
发 明 人: 徐胜利、江明、唐立人、武毅、赵莉娟、张超环、金祥祥、赵凡溪、迟松特、石晋、刘其成

专利权人:中国石油天然气股份有限公司
专利权人地址:北京市东城区东直门北大街9号
专利权人邮政编码:100007
国籍或注册的国家或地区:中国

II法律状态
截止至办理本专利登记簿副本之日,该专利权有效。
年费缴纳至2013年02月08日

III 其他登记事项

专利权授予
授权公布日:2011年12月14日

专利权的转移

中华人民共和国国家知识产权局
2012年06月13日

第1页 共2页

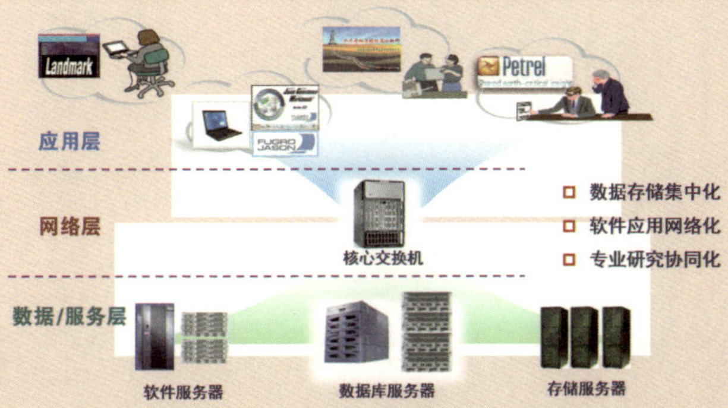

文化建设

与时俱进，紧跟发展大局，培育内涵丰富的科研文化。

多年来，研究院继承和发扬中国石油“爱国、创业、求实、奉献”的企业精神，将“锲而不舍、刻苦攻关、艰苦奋斗、无私奉献”作为核心价值理念，确定了“建设同行业一流研究院”的发展目标和科技、文化、人才、环境四大发展战略，使研究院企业文化建设有目标、有措施、有标准，进一步增强了研究院企业文化建设的执行力。

面对勘探开发各阶段出现的问题，研究院大力弘扬超越前人、超越权威、超越自我的“三超精神”，直面“高深散”“低稠难”的现实矛盾，引导科研人员牢固树立“勘探无禁区、开发无止境、科技无极限”理念，以“功成不能无我”的担当和“功成不必在我”的胸怀，踏石留印攻难关，抓铁有痕破瓶颈，知难而进，迎难而上，为油田谱写千万吨稳产新篇章，提供了强劲驱动和有力支撑。

面对繁重、紧迫的科研任务，研究院大力倡导建立大担当大奉献的责任文化，引导干部员工明辨形势，履行使命。“过去一个区块能部署几十口、甚至上百口开发井，现在经过几个月的研究，才能部署一两口井。”虽然勘探开发工作难上加难，但有了大担当意识、大责任情怀，办法总比困难多。科研人员不等不靠，用“5+2”去诠释勘探增储的责任，用“白加黑”去践行开发稳产的使命。在油田生产形势最严峻的时候，无论寒暑，研究院办公区的夜晚总是灯火通明、一派繁忙，加班加点、挑灯夜战已成为一种常态。全院上下形成了为找油夙夜攻关、为发展争相奉献的生动局面。

全力打造“三简三厚”文化，促进科研生产大繁荣大发展。“三简”就是“简单的工作环境、简洁的工作方式、简朴的工作作风”，通过精简办事流程，切实引导科研人员心无旁骛搞科研、专心致志谋发展。“三厚”就是“浓厚的科研底蕴、宽厚的科研风范、深厚的科研储备”，通过开展“专家论坛”、主题实践活动等举措，鼓励创新、宽容失败，形成百花齐放、百家争鸣的科研创新氛围。

培育“精品文化”，锻造“精品工程”。“精品”是研究院人对深层次永无止境的进取，勘探上的精细部署，开发上精细油藏描述，地震资料处理上精细处理，试验上精细分析。可以说，“精品”是企业的发展之源、振兴之本。探索精品文化，就是要建立相对完整的精品价值观和精品方法论。研究院人从立足科研生产汇集成果精品、探索专有技术打造技术精品、弘扬核心理念传承文化精品几个方面，探索建立研究院“精品文化”框架，构建了研究院特色的精品文化体系。

立足科研生产汇集成果精品。勘探上注重大突破、大发现，开发上注重先进适用和配套，近年来先后取得了多项成果精品：坚持大油气田分布规律研究，滩海葵东构造带勘探获得重大发现；突破传统认识，兴隆台潜山深层勘探获重大发现，被有关专家称为潜山理论和勘探实践的重大突破；深化富油气凹陷认识，大民屯凹陷勘探不断有新发现，对辽河油区高成熟勘探领域的扩展具有重要意义；发展综合配套技术，火成岩油气藏储量规模进一步扩大，辽河油田火成岩勘探和研究处于国内领先水平；调整思路，辽河坳陷岩性油藏勘探初具规模，实现了岩性油气藏勘探的实质性进展；加快南海探区早期评价，勘探进入目标评价阶段，南海勘探迈出了实质性的第二步；在精细勘探上下功夫，老区滚动勘探成效显著，实现了增储建产一体化；突出开发方式转变，特殊岩性油气藏开发居国内领先水平；优化新老区开发部署，产能建设各项考核指标走在股份公司前列；以精细油藏描述为基础，以精细注水为中心，夯实了老区稳产基础；积极探索提高采收率的新方法，油田开发方式趋于多元化；水平井技术得到规模性推广应用，目前辽河油田水平井应用规模、应用领域、应用效果居股份公司前列；科学编制开发方案，确保曙一区超稠油“十一五”期间产量不降。

探索专有技术打造技术精品。多年来，研究院经过不断实践、探索，在勘探开发理论和实践上获得了重大突破。丰富发展了复式油气藏理论，并完善了针对破碎“断块”油气田的综合配套勘探技术；打破外围中生代盆地、滩海探区出油关，发现了可观的石油地质储量，创造了适合辽河盆地地质特点的开采方式、开发方案，建成了全国最大的稠油、高凝油生产基地，形成了十项配套技术，为辽河油田勘探开发发挥了重要作用，成为突破技术瓶颈、解决制约难题的制胜法宝。在勘探上，攻克了火成岩岩性识别、火成岩岩相带分布及裂缝预测等火山岩油气藏综合勘探配套技术；研发了潜山岩性识别和裂缝预测、成藏模式分析等潜山油气藏综合勘探配套技术；推广了层序地层学、储层预测等岩性油气藏综合勘探技术；形成了复杂断块高精度构造解释、断层封堵性分析、油气藏检测等复杂断块油气藏识别和评价技术；开发了具有国内领先水平的、以叠前时间偏移技术为特色的、复杂地质条件下的地震资料处理技术系列。开发上，形成了具有国内领先的中深层稠油中后期开发技术、具有辽河特色的特殊岩性油藏开发技术、复杂断块精细油藏描述配套技术、复杂断块油藏注水开发技术、不同类型水平井规模应用技术，走在股份公司前列。弘扬核心理念传承文化精品。在构筑特色文化中，研究院把多年积淀的传统精华与新时期的文化创新共同凝练为企业可持续发展的强大动力。传统的精华与时代的创新凝聚成璀璨的文艺“精品”。《研究院报》设置了理论教育、科研动态、文艺园地三大块，开拓视野、启迪多方；“两赋一铭”，宣美扬善、开领百帆，将研究院的精魂凝聚弘扬。《勘探开发 40 周年系列丛书》《辉煌 40 年》画册追忆往昔、感时应势，成为对时代当之无愧的珍献；《与太阳同行》《单行线》《心灵的春天》《故乡的老树》《父亲》《一身正气走大路》《关于廉洁的断想》等文学作品争奇斗艳，呈现出“百花齐放俏争春”的喜人形势。

1997 年 5 月 5 日，研究院举办建院三十周年科技成果展览

1997 年 5 月 6 日，研究院举办辽河油田勘探开发形势报告会

2003 年 9 月 18 日，研究院团委组织团干部参观“9 · 18 事变”陈列馆

1931
9
月小
18
星期五
我中华

环渤海湾石油研究院第六届

2004 年 5 月 24 日，环渤海湾石油地质研究院第六届“地质杯”友谊赛在研究院举行

2004 年 7 月 12 日，在研究院处级干部配偶“助廉”座谈会上，党委书记赵立岩同处级干部配偶们签订《助廉保证书》

2006 年 6 月 22 日，研究院举办“三增三新”求发展、同心协力促科研图片展览

2007 年 3 月 29 日，研究院举行纪念大庆六七三厂地质队四十周年座谈会

2007 年 7 月 5 日，研究院举办“探井评估勘探新秀赛”系列活动总决赛

2007 年 8 月 1 日，研究院团委举办“精品杯”青年综艺秀演出比赛

2007 年 12 月 6 日，研究院举办女工手工艺术作品展览

2008 年 2 月 1 日，研究院举办“大发展、强基础、建和谐”新春联欢会

2008 年 7 月 26 日，研究院对新参加工作的大学毕业生进行拓展培训

2008 年 8 月 29 日，研究院举办“走进研究院”精品人生电视访谈活动

2009 年 6 月 19 日，研究院举办“学习实践科学发展观”科级干部理论研修班

2009 年 9 月 8 日，研究院业余合唱团参加辽河油区群众歌咏活动决赛

2010 年 5 月 6 日，研究院召开第二轮修志工作会议

2010 年 8 月 27 日，海洋所举行师徒合同签订仪式暨拜师大会

2014 年 3 月 3 日，研究院召开《辽河油田勘探开发研究院志》（1991—2010）评审会

2015 年 7 月 1 日，研究院新党员入党宣誓

人文关怀

让才华得到展现，让付出得到回报，营造和谐向上氛围。

研究院现有员工逾千人，他们来自不同的家庭，年龄、政治面貌、知识结构、脾气性格等各不相同，但是多年来，他们紧紧抱团攻关，有分工更有合作。这一切和研究院营造的和谐向上的氛围不无关系。

研究院坚持待之以礼尊重员工、知之以心理解员工、动之以情关心员工、济之以求帮助员工，努力为员工办实事、做好事、解难事。通过细致入微的工作，让员工感受到组织的关怀和同事的温暖，员工的工作生活顺心、舒心、安心了，就更能够一心一意谋发展，扎扎实实干工作。

对于来到研究院的每一个人来说，在这里有一片施展自己才华的天地，是最重要的。为此研究院使用人才不拘一格，以技术论英雄，凭成果论实力。在项目经理公开竞聘中，58 名青年骨干凭借过硬技术脱颖而出。对业绩特别突出的专业技术人员，打破学历、资历等条件限制，予以提拔重用，曾有 3 名“80 后”走上研究室副主任岗位，承担集团公司重大专项课题研究和油田公司重点项目攻关工作。程海清、韩洪斗毕业仅 6 年就成为研究院技术专家，4 名 35 岁以下青年被聘为油田公司级技术专家，1982 年出生的张斌成为油田公司最年轻的技术专家。在全院 70 名技术带头人中青年人才占了一半，成为支撑油田发展的中坚力量。

根据生产需要完善激励办法，让每一个人的付出及时得到回应，贡献得到肯定。研究院推行绩效考核评价，薪酬分配向科研生产一线倾斜，奖金多少完全由分数说了算。为了真正激发科研人员干事创业热情，研究院敢为人先，拉开了奖金分配档次，最多时科研人员之间的奖金收入相差 6 倍。同时，建立了管理和专家并存的“双轨通道”，让干技术和搞管理享有同样的事业发展空间和薪酬福利待遇，最大限度地形成了人力资源和技术资源集聚效应。

在紧抓科研生产之外，研究院坚持以人为本，积极争取资金、政策等资源，改善工作条件，关心员工生活，真心实意地为他们谋福利，营造了和谐氛围。

研究院对企业文化建设工作者提出了“五勤”要求，即“脑勤”，积极思考如何创新开展企业文化建设工作；“手勤”，及时记录企业文化建设的好做法和先进经验；“眼勤”，及时发现员工身边的困难；“耳勤”，及时听到员工的心声；“腿勤”，员工家中有事及时到位，真正为员工办好事、办实事。具体工作中，从关心员工健康入手，定期对员工进行体检，保证员工身体健康。从细微处入手，为员工办好事、办实事，将关爱渗入到点点滴滴的小事中，时刻让员工感受到研究院这个大家庭的温暖。

考虑到科技人员经常因工作原因，不能正点吃饭、睡觉，致使身体健康受到一定程度的影响，研究院为全体员工定期进行体检，同时，研究院工会还多方筹措资金，购买了部分健身器材，分借到各个研究所，鼓励科技人员在工作之余进行身体锻炼。在开展保持共产党员先进性教育活动期间，研究院还为科研人员配备了“便民伞”，为没有空调的办公室安装了空调。每逢年节，院党政领导都要走家串户去看望在外地施工的科研人员家属，让大家知道院里一直挂念着他们。每逢员工家中遇到伤、老、病、死等特殊情况，各级党组织也都到他们家中了解实际困难并帮助解决。盆地所的宋玉军同志丈夫在伊朗车祸身亡，院长、书记亲自到家里慰问并送去了慰问金，也带去了组织的温暖。

对于研究院很多住单身楼的年轻员工来说，这几年的条件是越来越好。为解决单身员工公寓住宿紧张问题，研究院向上级积极争取，兴建了新的人才公寓。几年前扩建的员工食堂，不但就餐面积大了，伙食质量也改善了。每名单身员工每月还可以领取一定数量的澡票，免费洗澡。

从关心员工的家庭生活着眼，该院积极开展对困难员工的献爱心活动，帮助困难员工解决实际问题，为他们解决了生活中的燃眉之急。

勘探开发研究院捐款处

辽河石油勘探局
勘探开发研究院
劳动合同签约大会

心、送温暖！
洪救灾

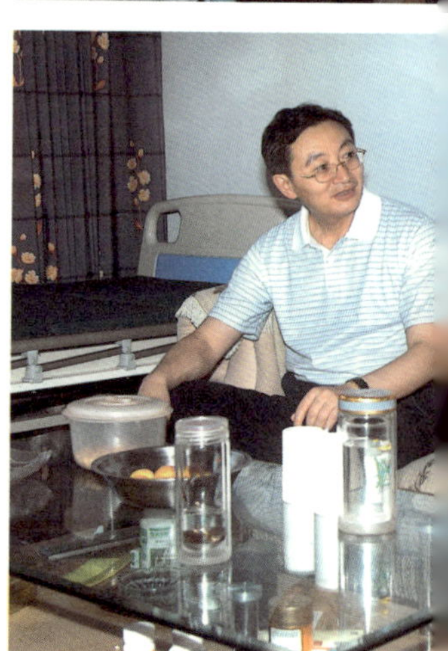

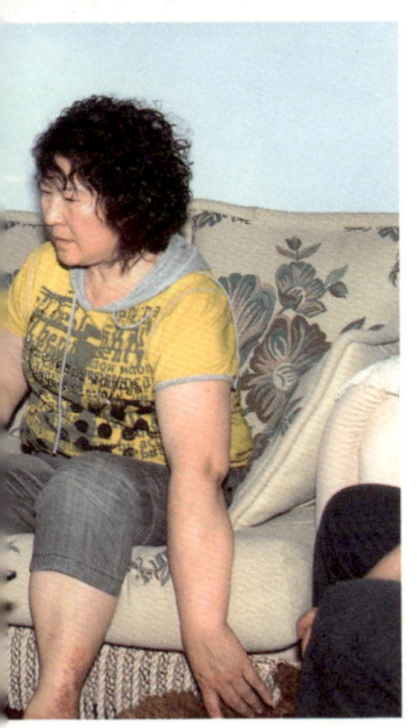

筑梦印象

地震遇难同胞

探开发研究院“与健康同行”主题竞赛
正能量

东方
辽河

筑梦印象

环境建设

深入实施院区环境战略，科研办公环境极大提升。

走进研究院“大院”，人们感受到的是宁静、整洁、有序、祥和。这种独特的院区环境体验并非天成，而是通过精心打造、持续“雕刻”得来。

近年来，研究院深入实施院区环境战略，坚持不懈加强环境建设，力求实现美学价值和实用功能的统一，使院区风格既充满新鲜活力，又保持庄重大气，与油田的政治中心、文化中心的地位相适应，与盘锦的形象和发展相协调，打造了崭新的面貌，创造了与油城相匹配的整洁、优美、和谐、有序的院区环境。

在院区环境建设中，研究院提出了“五个坚持”作为要求和方向，即坚持简约力避繁杂、坚持朴素力避铺张、坚持实用力避浮华、坚持自然力避造作、坚持和谐力避纷乱。在改造工作环境方面，完成了有价值的已有楼群的维修改造的整治。优先安排完成了八大主体所办公楼整治工作。在院办公楼、单身公寓、员工食堂等工作生活场所镶嵌“一铭两赋”等反映研究院精神的文艺作品，使员工在潜移默化的环境中受到企业文化的渗透。拆除了院区内无应用价值的设施，消除了安全隐患。在整治的基础上，按照院区总体规划要求，建设了道路、绿地、生活服务设施，形成了优美和谐的公共空间。

规范环境秩序。检查并整改了污损、断亮、缺损的霓虹灯、电子显示装置，确保夜间主要路段和拐角能有用良好的视线。清除暴露垃圾，重点做好院区街道、食堂周围的垃圾密闭收集及清运工作，打造了文明卫生新院区。彻底清理各办公楼内的“白色污染”，号召广大员工养成工作后清理工作环境的良好习惯。严格落实“门前三包”责任制，严厉查处在公共场所乱扔废弃物、乱倒垃圾、随地吐痰、乱吊挂、乱堆乱放等行为。考虑到近几年越来越多的职工购置了小轿车，研究院对主院区和各相关办公场所的停车场地，进行了车位规划，整顿了院区停车秩序，查处了乱停车辆，营造了文明有序的出行环境。

美化院区景观。统一对建筑物外表进行清洗、粉饰，保持建筑物外表面整洁和完好，让老旧建筑重新焕发光彩。定期清除建筑物走廊堆放物品，安排对走廊、卫生间等公共场所进行经常性的打扫，保证了干净卫生。对面临石油大街的主楼前方的空地进行绿化改造，搞好院区内主路等重点地区的夜景照明建设，建成重点突出、结构合理的夜景照明体系，展现夜景庄重、恢宏、亮丽的独特风格。

完善道路设施。对院区主路进行改建，设定路宽 10 米的主轴线，对重要区域、道路、场所设置规范的指路标识及提示标识。设置充足的无障碍设施，并保持畅通。检查、维护道路路面、人行步道、照明和排水等设施，保持有效、平整、整洁、完好。规范施工工地围挡，做好施工现场降尘及噪音防治工作。

另外，考虑到近年随着勘探开发部署研究工作的不断深入，勘探开发机理研究与技术实践结合日趋紧密，室内实验研究与现场应用转化提档加速，该院规划完成了开发区新院区建设。其最独特之处，在于先进的地质实验配套系统，行业领先的实验特色技术，体现了研究院敢于突破技术瓶颈的“科研信心”；最动人之处，在于拥有国内最先进的岩心全自动管理系统以及国内最大的岩心岩屑单体库，体现了该院基础为先、创新为王的“科研理念”。它的投入使用，极大提升了勘探开发基础研究的精度，拓展了勘探开发机理研究的厚度，丰富了勘探开发技术实践的维度。

院东大门

职工活动中心（新馆）

人才公寓

岩心库奠基仪式

辽河石油开发技术研发中心
奠基

正月十五灯展（1）

正月十五灯展（2）

正月十五灯展（3）

正月十五灯展（4）

研究院标志石

文体活动

以“促进员工健康，活跃科研气氛”为目标，研究院精心策划、积极组织开展篮球、排球、乒乓球等体育比赛。赛场上，运动健儿生龙活虎、团结协作、激烈对抗，尽显飒爽英姿和积极进取的竞技状态；又遵守规则、尊重对手、尊重裁判，表现出了良好的道德修养和高尚的精神风貌。通过比赛，锻炼了员工体魄，陶冶了员工情操，丰富了员工的业余文化生活，为各项工作的顺利开展增添了无穷活力。

优美的旋律、翩翩的身影、绚丽的舞台……勾勒出一幅幅如画的风景，勾勒出研究院人的活力，折射着研究院的和谐。为丰富广大员工的文化生活，研究院在踊跃参加油田公司举办的各类文艺活动之外，积极组织员工自编、自创、自演了“迎接新员工文艺汇演”“欢庆元旦”等员工喜闻乐见的文化活动，激发员工爱岗敬业、乐于奉献的热情，营造了温馨、和谐的科研文化氛围。

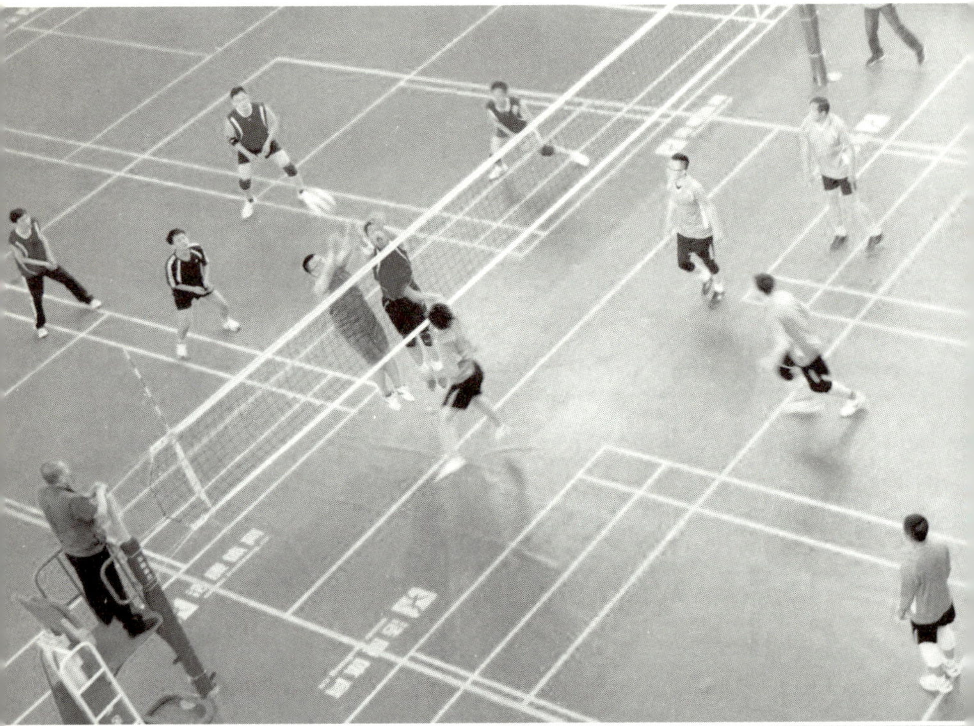

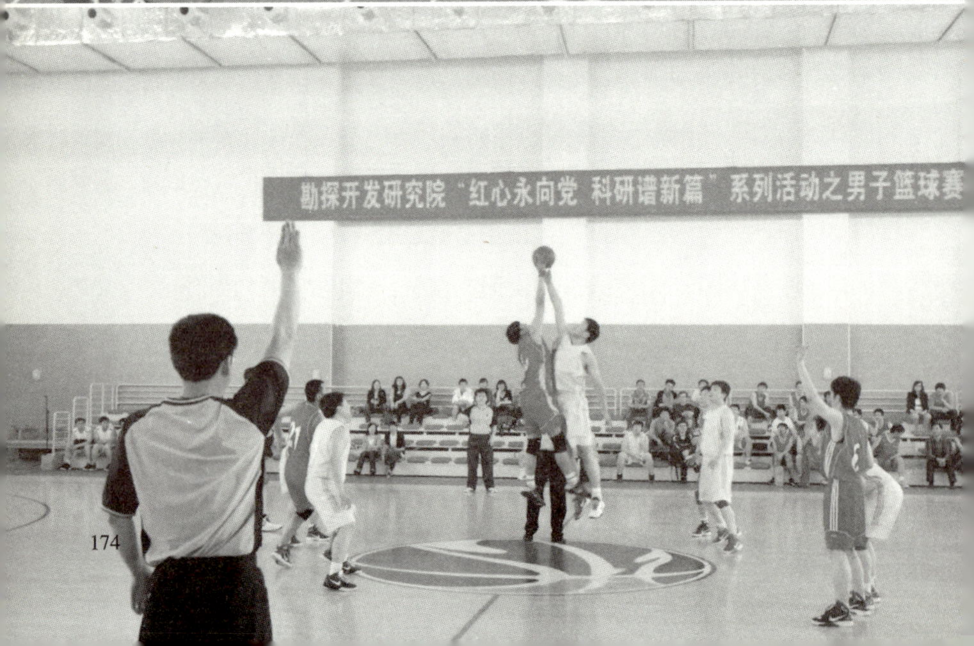
勘探开发研究院"红心永向党 科研谱新篇"系列活动之男子篮球赛

研究院男排

“不忘初心”职工原创作品展演

2009 年大合唱

2010 年团拜会（1）

2010 年团拜会（2）

2010 年团拜会（3）

2010 年团拜会（4）

2010 年文艺汇演

研究院

颂祖国 赞油田 欢歌研究院
中共勘探

的中国梦
福

“青年当有梦·梦想筑未来”勘探开发研究院首届青年

“青年当有梦·梦想筑未来”勘探开发研究院首届青年榜样表彰会

青年当有梦·梦想筑未来”勘探开发研究院首届青年榜样表彰会

重於泰山

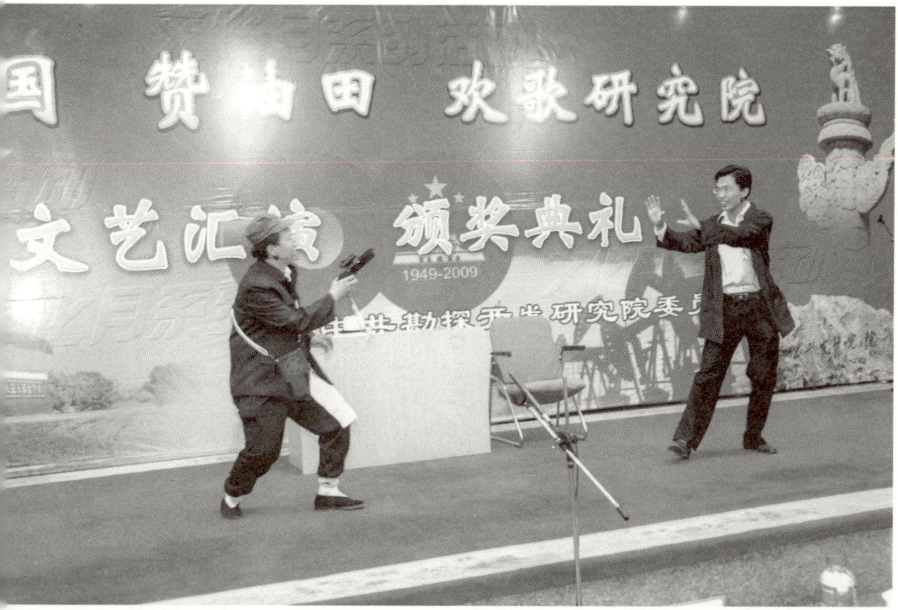
欢歌研究院
文艺汇
颁奖典礼
1949-2009

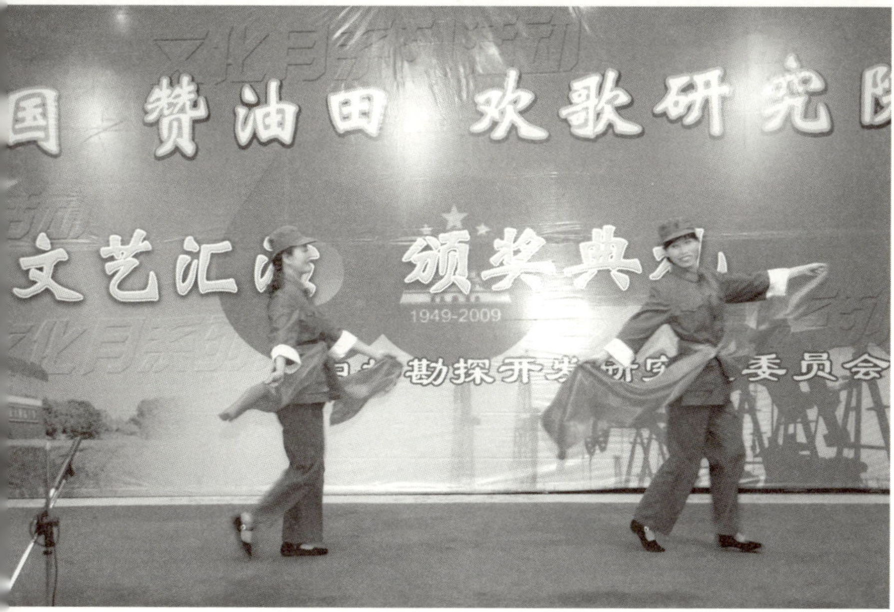
赞油田 欢歌研究
文艺汇
1949-2009
委员会

勘探开发研究院
精品杯
青年综艺秀
勘探先锋队
开发精英队

勘探开发研究院
精品杯
青年综艺秀
勘探先锋队
开发精英队

我的岗位我负责 我在岗位您放心
南海是我们中国的！！

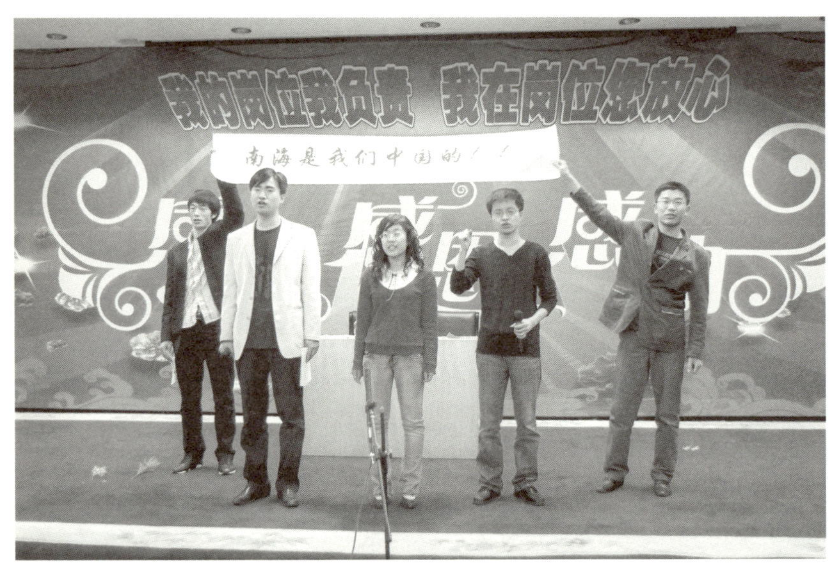

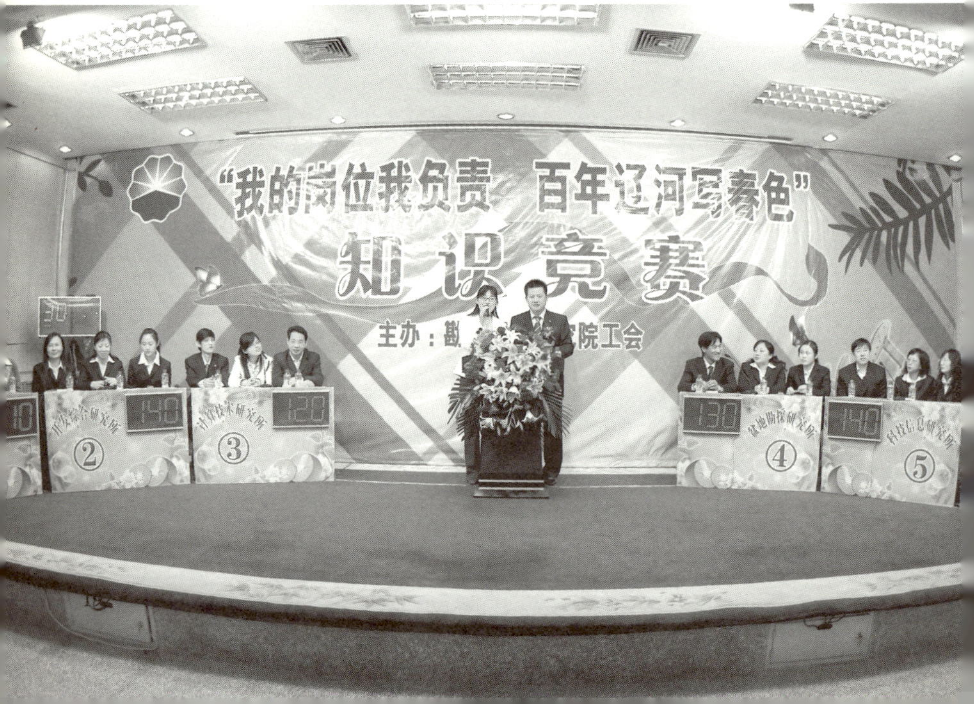
“我的岗位我负责 百年辽河写春色”
知识竞赛
开发综合研究所
②
140
计算技术研究所
③
120
130
盆地勘探研究所
④
140
科技信息研究所
⑤

走进研究院

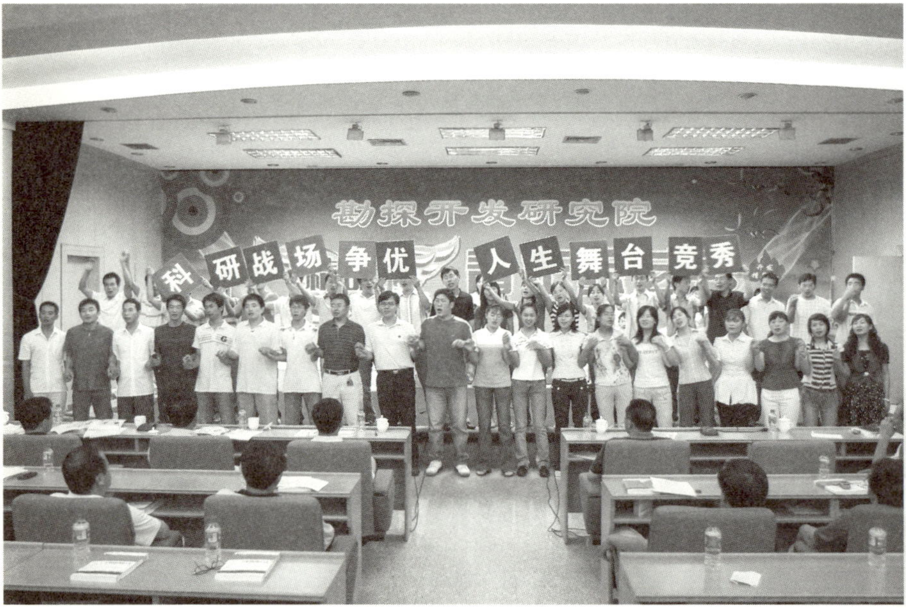
勘探开发研究院
科研战场争优
人生舞台竞秀

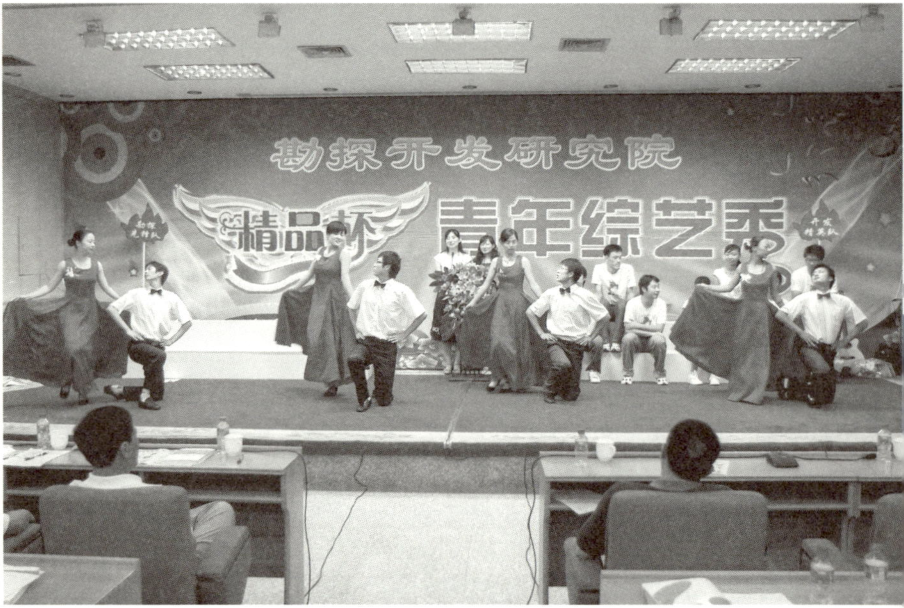
勘探开发研究院
精品杯
青年综艺秀

庆祝第101个“三八”国际妇女节
与幸福同行
对于现代女性来说，事业发展更重要
正方
反方
对于现代女性来说，家庭建设更重要

中共勘探开发研究院委员会
二〇一一年六月

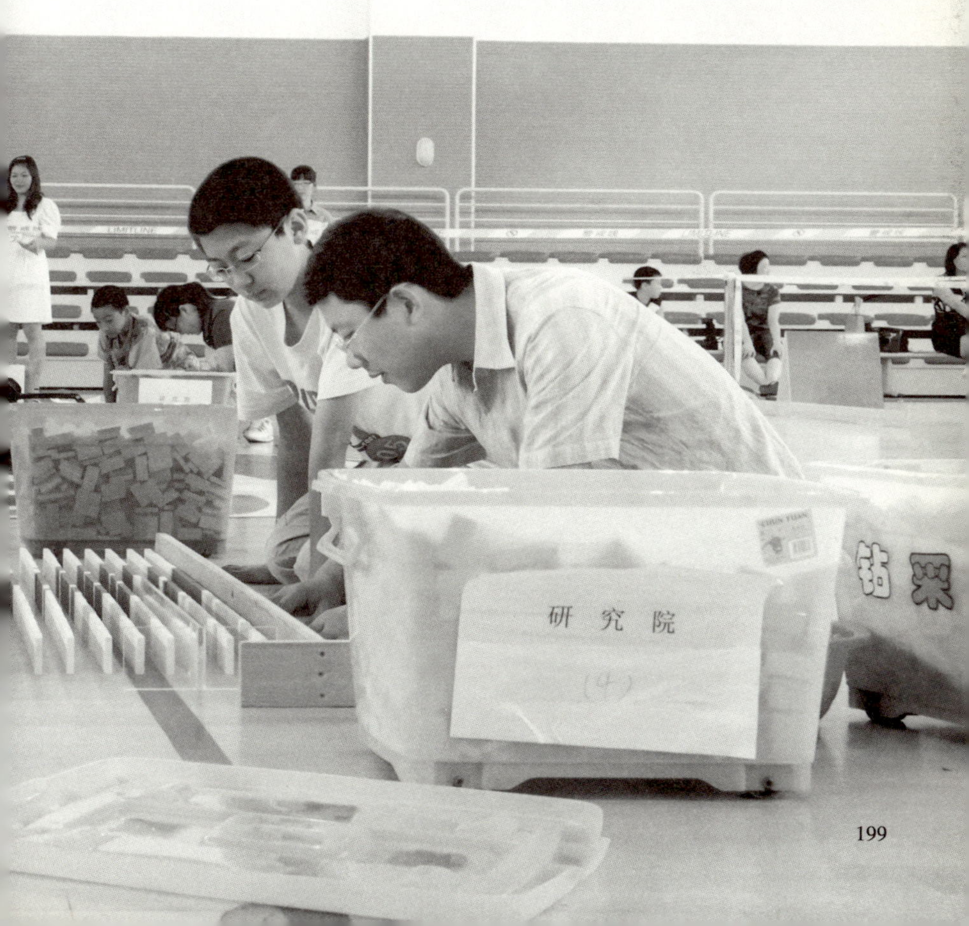
园” 多米诺骨牌大赛
研究院
(4)
钻采

勘探开发研究院团委举办青工书法培训班

首届青歌赛

永葆
先进性
清正
廉洁风

党的光辉照我心

主题展演
生舞台竞秀

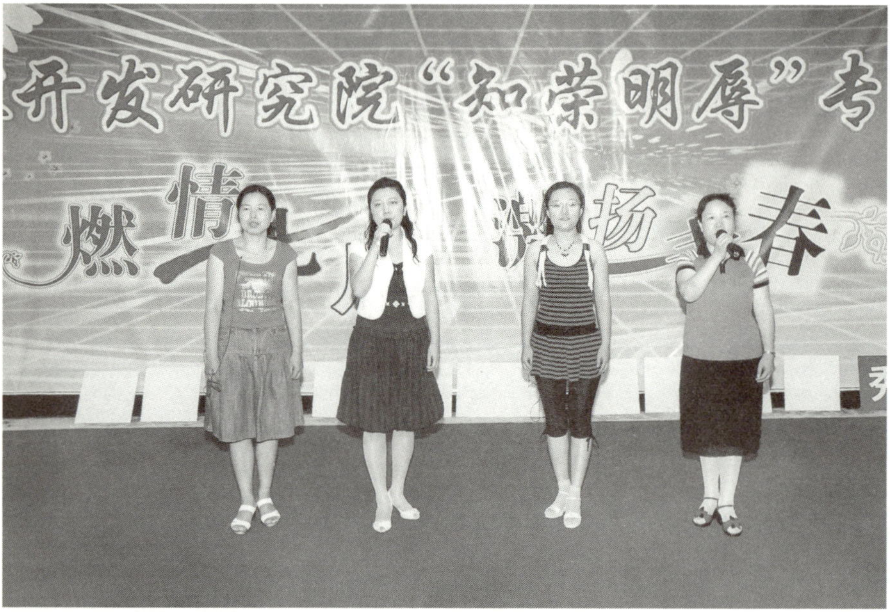
开发研究院“知荣明厚”专
燃 情
扬 春

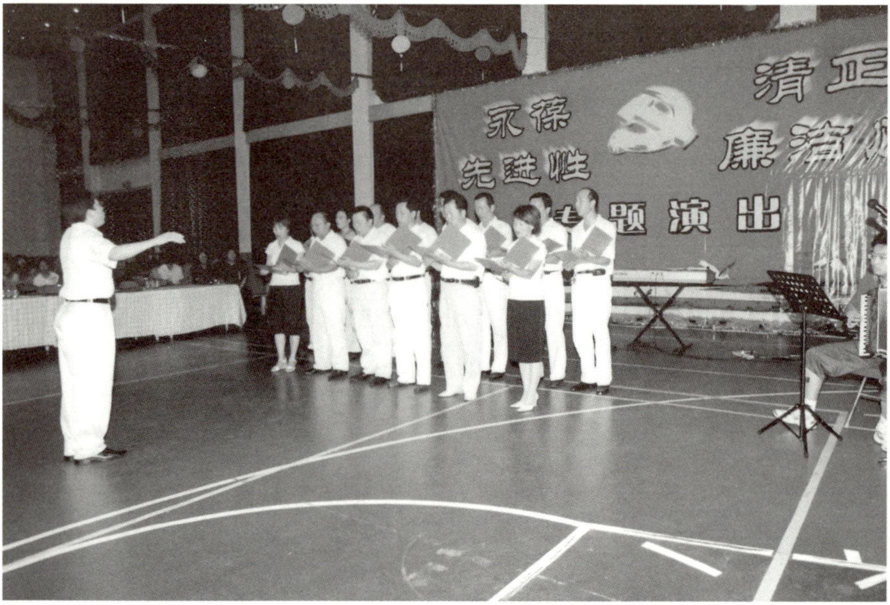
永葆
先进性
清正
题演出

科技英才

历代劳模

刘国昌（左二）

原总地质师、教授级高级工程师。1977—1987年先后八次被评为辽河油田劳动模范；1978年被评为石油工业部学铁人标兵；1984年被评为辽宁省劳动模范；1985年被评为全国优秀科技工作者，并获全国“五一劳动奖章”。

孙镇成

原副主任地质师兼地层古生物研究室主任、教授级高级工程师。1979年至1990年，先后八次被评为辽河油田劳动模范和标兵；1984年被评为辽宁省劳动模范；1986年被评为辽宁省“有突出贡献的专家”。

姚继峰

教授级高级工程师。1985—1988年连续四年被评为辽河油田劳动模范；1986年和1988年被评为辽宁省劳动模范；1989年荣获辽宁省优秀共产党员称号。

王纪民

计算技术研究所原所长，国务院批准的享受政府特殊津贴的教授级高级工程师。1978—1985年连续八年被评为辽河油田劳动模范；1980年和1982年被评为辽宁省先进工作者；1984年被评为辽宁省劳动模范。

马玉龙

辽河油田公司原副总地质师兼勘探开发研究院院长、国务院批准的享受政府特殊津贴的教授级高级工程师。1981—1984 年连续四年被评为辽河油田劳动模范；1988 年被评为中国石油天然气总公司先进科技管理工作者。

王振来（1942—2003 年）

院原环卫工人，1983—1987 年连续五年被评为辽河油田劳动模范。

王柱军

热喷涂技术推广站原站长、高级工程师。1990—1993 年先后被评为辽河油田劳动模范、辽河油田青年标兵和中国石油天然气总公司青年标兵。

欧阳素英

油田开发研究所原高级工程师。1989—1993年连续五年被评为辽河油田劳动模范。

秦德荣

试验技术研究所原副所长、高级工程师，第八届全国人民代表大会代表。

赵启双

副总地质师，高级工程师。1993—1996年，多次被评为辽河油田劳动模范；1994年和1995年被评为中国石油天然气总公司劳动模范；1994年获辽宁省“五一劳动奖章”。

马德胜

原副院长、高级工程师。辽河油田公司劳动模范；全国“五一劳动奖章”获得者；中国石油天然气集团公司油气田开发专业高级技术专家。

张占文

原副院长、高级工程师。1992 年、1995 年、1996 年被评为辽河油田劳动模范；中国石油天然气集团公司地质勘探专业资源评价与储量研究高级技术专家。

张建民

油田开发研究所原所长、高级工程师，全国“五一劳动奖章”获得者。

李晓光

院长、教授级高级工程师。辽河油田公司地质勘探部署技术专家；辽河油田公司劳动模范。

陈振岩

总地质师、教授级高级工程师。辽河油田公司地质勘探部署技术专家；中国石油天然气集团公司劳动模范。

郭克园

盆地勘探研究所原副所长、高级工程师。全国自学成才奖获得者；辽河油田公司劳动模范。

李铁军

总地质师、教授级高级工程师，辽河油田公司资源评价与储量研发专家。

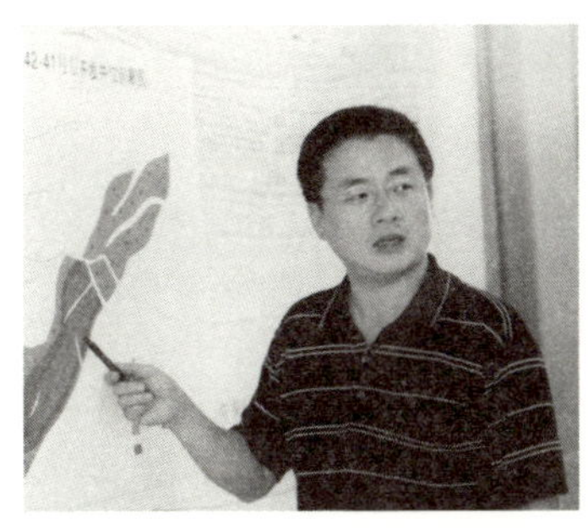

武　毅

副院长、高级工程师，辽河油田公司劳动模范。

蔡国刚

盆地勘探研究所原所长、教授级高级工程师，辽河油田公司地质勘探部署技术专家。

张凤莲

海洋勘探研究所滩海勘探室原主任、教授级高级工程师。辽河油田公司地质勘探部署技术专家；辽宁省“五一劳动奖章”。

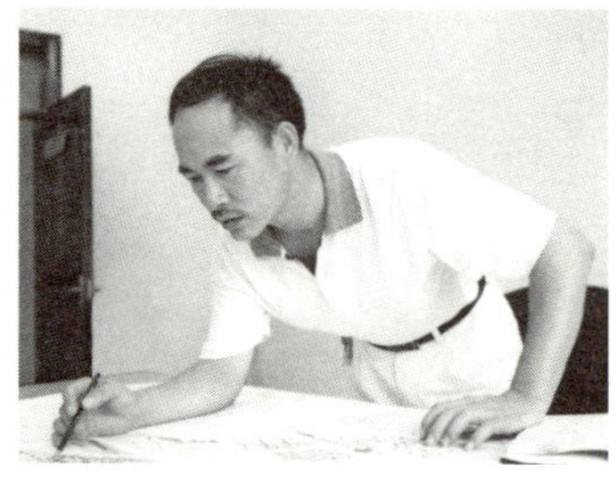

赵洪岩

副总地质师、高级工程师。中国石油天然气集团公司提高采收率技术专家；辽河油田公司劳动模范。

康志勇

开发综合研究所储量研究室原主任、高级工程师，辽河油田资源评价与储量研究技术专家。

马志宏

新区勘探所党支部书记、高级工程师，辽河油田公司劳动模范。

赵粉姬

职工部训中心原主任，第二届中国企业教育培训师百强。

张　鹰

稠油开发研究所原所长，辽河油田公司劳动模范。

单俊峰

研究院原副院长，辽河油田公司劳动模范。

温　静

企业二级工程师。全国劳动模范；辽河油田公司杰出科技工作者；辽河油田公司劳动模范；辽宁省十佳巾帼岗位标兵；辽宁省“五一劳动奖章”；全国“三八红旗手”；中国石油天然气集团公司劳动模范。

刘宝鸿

总地质师。辽宁省劳动模范；辽河油田公司劳动模范。

户昶昊

总地质师。辽宁省劳动模范；集团公司劳动模范；辽河油田公司劳动模范。

曹积万

辽宁省“五一劳动奖章”，油田公司劳动模范。

孙洪军

总地质师、教授级高级工程师，辽宁省“五一劳动奖章”。

张　斌

辽宁省“五一劳动奖章”；辽河油田公司劳动模范。

雷安贵

一级工程师，辽河油田公司劳动模范。

胡英杰

副院长，辽河油田公司劳动模范。

赵庆辉

一级工程师，辽河油田公司劳动模范。

鞠俊成

一级工程师，辽河油田公司劳动模范。

郭彦民

一级工程师，辽河油田公司劳动模范。

司　勇

稀油开发所所长，辽河油田公司劳动模范。

孔令福

一级工程师，辽河油田公司劳动模范。

于鸿椿

党委书记，教授级高级工程师，辽河油田公司劳动模范。

高树生

一级工程师，辽河油田公司劳动模范。

杨彦东

辽河油田公司劳动模范。

张新培

油田地质所所长，辽河油田公司劳动模范。

党员风采

“党员，就是在企业需要你的时候义无反顾地冲上去。”“党员，就是要在最平凡的岗位上做出不平凡的事。”……

2018 年，我们迎来了中国共产党 97 岁生日。七一前夕，笔者走近研究院一线科研岗位上辛勤工作的普通党员，了解他们的故事，倾听他们对于“党员”意义的诠释，记录他们在平凡中的坚守。

一个党员，一面旗帜，一代代研究院人的倾力奉献，铸就了辽河勘探开发历史的丰碑，浸润了锲而不舍勇闯禁区、矢志创新追求卓越的精神传承，烙印了辽河的发展足迹，造就了辽河的地位与荣耀。

“我是党员，研究院 1415 名员工中最普通的一名，我在这里……”

1. 最美“逆行”党员：李焕鹏，54 岁，党龄 19 年

54 岁，本可以选择“安逸”，但却偏偏选择“逆向”而行，硬是在塔里木油田“创”出了一个品牌。

党员，就是在企业需要你的时候义无反顾地冲上去。

2.“固本强基”的党员：程鹏飞，38 岁，党龄 11 年

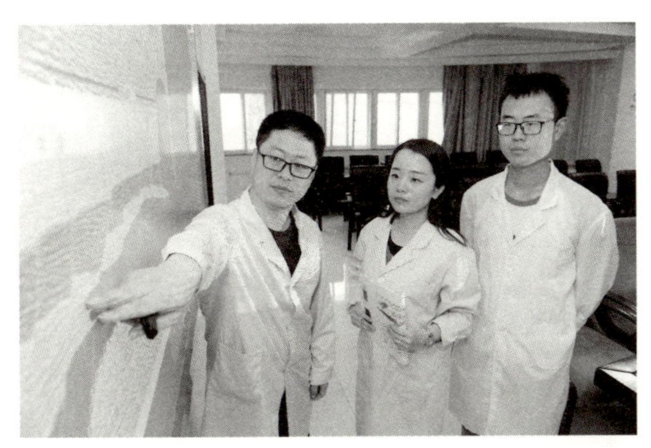

面对油田增储稳产的巨大挑战，他潜心研究不同勘探领域变化趋势，精心谋划增储稳产布局；面对进入高成熟阶段的复杂局面，他勤钻研、善思考，不放过任何一个潜力层位，灵活运用新技术，对储量参数进行精细评价与预测，做到了“精耕细作”，夯实了油田发展的储量根基。

党员，就是要认真对待每一个细节，从前人忽略的地方获得发现。

3.“执着向前”的党员：高荣锦，30 岁，党龄 10 年

面对严峻的资源接替形势，我们勘探工作者不放弃每一个凹陷、每一套层系、每一个角落。因为，我们始终坚信，只要将工作做精做细，老探区、老凹陷定会再有新发现。

党员，就是坚定信念，不放弃、不抛弃，向着目标执着向前。

4. 最“精细”的党员：郭强，32岁，党龄12年

要想从别人没有走过的地方趟出路，在前人认为没有油的地方找到油，就必须要付出多于别人几倍甚至几十倍的时间。在高成熟度的东部凹陷，他以精细为弓、责任为弦，用2乘2网格解释，10米等值线成图，分9层刻画目的层，在牛居中浅层树立起“精细勘探”的典范，演奏出属于他的青春力量。

党员，就要敢于面对困难，勇于“挑战”，向新领域新目标探索，油气发现是永恒的追求。

5. 最具“新闻敏感度”的党员：时林春，51岁，党龄17年

时林春，笔名“东言”，一生为油奋斗、为油发声。

他坚守东部凹陷二十八载，变的是他研究领域的不断突破、油气储量的不断发现以及他一篇篇宣传稿件的报道，不变的是他对勘探工作的热情和信心。

党员，就要一生遵守承诺，为油田奉献一生。

6. 最“鲜嫩”的党员：王明超，27岁，党龄1年

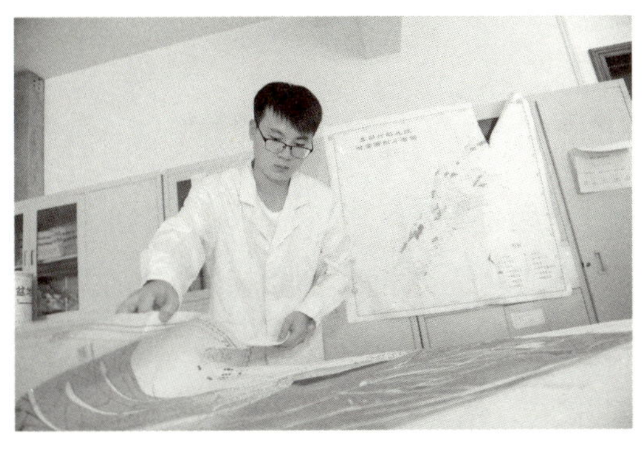

奋战辽河，他用知识和汗水贡献力量；初入职场，他以身边典型和榜样砥砺自强。工作时间不足一年，从不懂到了解、从了解到掌握、从掌握到熟练，他白天勤学苦练，夜晚探索实践，在工作的每时每刻都兢兢业业，为油田勘探事业奉献自己的一份力量。

党员，就要多低下头思考，多弯下腰学习，多勤下工实践，成果是智慧和汗水的结晶。

7. 最具“艺术细胞”的党员：崔广智，31 岁，党龄 7 年

他是一名大地构造描绘师，也是一名“画家”；Landmark 软件就是他的画笔，让他可以精准地画出地下古老的地层结构，让古老油藏映入眼帘。

党员，就要目标明确，哪怕遇到千难万险，也要勇往直前。

8. “乐观向上”的党员：田涯，32 岁，党龄 9 年

他接手的是辽河最贫瘠的区域，他寻找的是辽河最零散的资源。从张强到龙湾筒，再到陆家堡和奈曼，一代又一代的外围勘探人，辛勤耕耘，默默坚守，让外围盆地燃烧起“星燎之火”，

探井成功率从 35% 提高到了 60%。

党员，就是要迎难而上，在逆境中求生存，在困境中求发展，在平凡的岗位上做出不平凡的贡献。

9.“坚守滩海”的党员：李鑫，33 岁，党龄 10 年

十年滩海勘探，从“山顶”到“内幕”，面对各种复杂的地质问题，他从未退缩，凭着坚韧不拔、永不放弃的精神，他让燕南潜山带、海月潜山带有望成为辽河规模储量发现新的增长点。

党员，就是需要在最困难的时候和最困难的地方坚守。

10.“奔腾在科尔沁草原”的党员：杨松林，37岁，党龄8年

他是后起之秀，他身兼特殊使命，却不畏惧，勇往直前；他奔腾在科尔沁草原，克服着对家人的思念，支撑着油田的肌体；年轻的他激情满怀，用责任、忠诚和奉献铺起辽河新能源勘探的强大基石。

党员，就像草原上的骏马，向着自己的梦想不断地奔驰，前进。

11.“拓荒市场”的党员：李明，38岁，党龄13年

红船使命驻心间，非洲拓荒站前沿；党员李明不畏难，宙宇澄清万里骞；剖岩洒屑察真面，探油索气峰谷间；东非古陆真颜现，引领勘探只等闲；百亿资源呈大田，战略协作首圣贤；辽河品牌埃塞绽，“一带一路”价值显。

党员，就要有拓荒的勇气，自觉到最具挑战性的岗位上开创天地。

12.“搏击深海”的党员：王新，32岁，党龄7年

宝剑锋从磨砺出，梅花香自苦寒来。

十年深海勘探的背后，是一代代辽河科研人不懈的坚持和耕耘。深不可测的深海，充满着挑战和机遇，辽河科研人无惧无畏，俯首耕耘。瞄准油气成藏的关键因素层层深入攻关，挑战“禁区”，让人瞩目。

党员，就要不忘初心、坚守梦想、不畏艰难、甘于奉献。

13.“开疆扩宇”的党员：王宇斯，35岁，党龄1年

茫茫戈壁，隐伏工业血脉；五千里路，承载辽河期望。

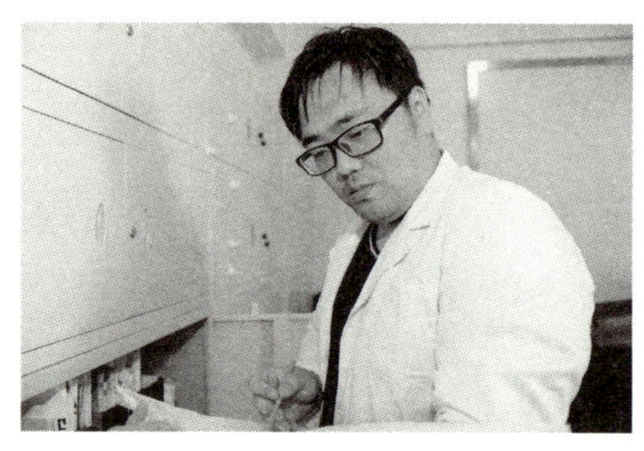

从渤海湾转战柴达木，他不畏艰险，勇往直前。面对全新勘探领域，他坦然面对，不辱使命，提出3口井位部署意见，迈出了柴达木矿权区勘探坚实的第一步。

党员，就是要在油田需要的时候发光发热。

14. 最具“气场”的党员：梁飞，33岁，党龄12年

从零开始，她让非烃类气驱研究从设想变成可能，她让非烃类气驱试验从规划变成现实，她为兴古潜山油藏增添了上产的新底气。

党员，就是用一生践行青春梦想。

15.“唐三采”式的党员：唐海龙，37 岁，党龄 12 年

从化学驱技术潜力评价，到先导试验逐步扩大，再到 50 万吨目标的实现，一路荆棘、一路崎岖，但他的身影却是愈发坚定；他用十年时间化学驱研究解锁了油田持续稳产的生命密码，实现了锦 16 块聚表复合驱工业化试验三年稳产，开创了中国超厚层化学驱的先河。

党员，就是坚定和执着地为油田可持续稳产做贡献。

16. 最“亮丽”的党员：高丽，32 岁，党龄 10 年

她是研究院众多女性科研人员中最普通一个；她负责的油田区块最杂，遇到的难题也最杂，但她很努力，从未抱怨、从未推

诿。因为她知道，家庭和工作都是她最重要的事，也是每一名女性科研工作者使命。

党员，就是既要照顾好家庭，又要干好工作，不负使命。

17.“姐妹快手”的党员：张舒琴,34岁，党龄13年；李春艳，38岁，党龄15年

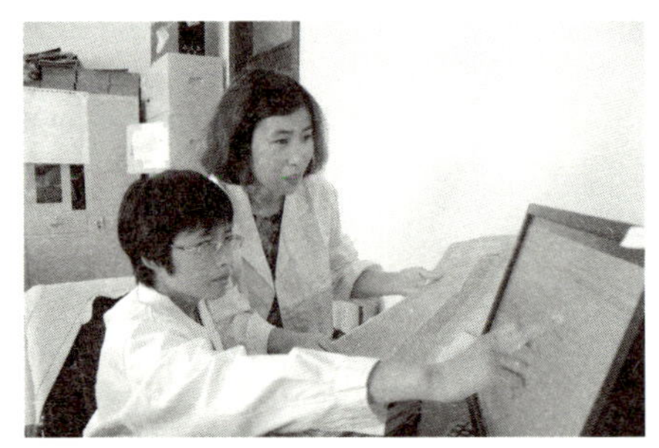

流水的数据，铁打的快手。

她利用VBA宏语言编写的小程序，让以往几个小时才能处理完成的工作，如今只需2秒即可完成。

党员，就是敢于创新，敢于试验，执着向前。

18.“敢为人先”党员：尚策，30岁，党龄3年

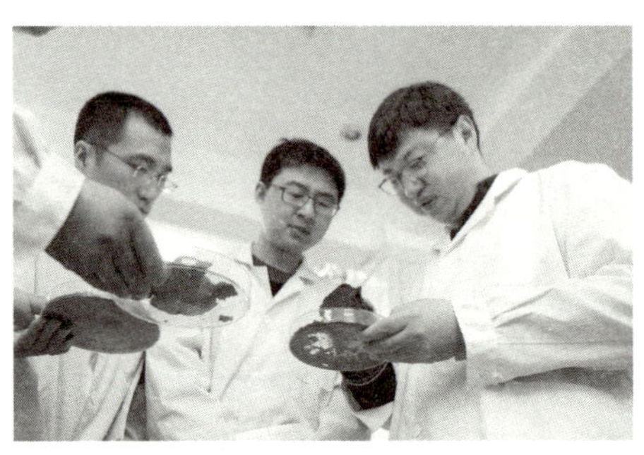

带着最年轻的团队，挑战最重大的试验项目。4个人，怀着一样的火热赤子之心；两个月，向着同一个梦想前进。没有先例借鉴，没有经验可循，他和他的团队成功编制了中国石油第一个边底水油藏蒸汽吞吐后转火驱试验方案，缔造了老区稳油上产的奇迹。

党员，就是要“存鹰之心于高远，取鹰之志而凌云，习鹰之性以涉险，融鹰之神在山巅”。

19. 最善“魔法”的党员：才业，35岁，党龄13年

她是开发队伍里的一朵小花，也是老油田油藏开发的专家。杜239块馆陶边顶底水超稠油油藏的高效开发，体现着她的勤勉敬业；杜80块难采储量的“重焕生机”，见证了她的不屈韧劲；杜84块馆陶沥青封堵油藏机理认识，闪耀着她的奇思妙想。在枯燥的开发路上，她挥洒着青春与汗水，将一个又一个难啃的硬骨头嚼碎，将一个又一个举步维艰的油藏“点石成油”。

党员，就是以非同寻常的地质开发专业魔力挑战油藏难题。

20.“热汽腾腾”的党员：葛明曦，29岁，党龄1年

SAGD热采技术就像在地下用高温蒸汽吹气球的过程，既要让汽腔快速形成又要保证汽腔均衡扩展。利用SAGD监测资料绘制汽腔等值图，实现SAGD汽腔描述从定性到半定量的转变，为

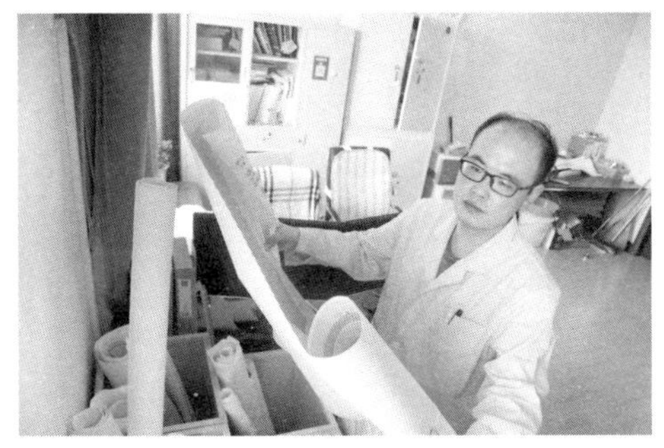

有效调控 SAGD 汽腔提供依据，为辽河 SAGD 持续百万吨产量添砖加瓦。

党员，就是要有慧心、耐心、决心、恒心，在本职岗位上发光发热。

21.“地质工匠”的党员：樊佐春，33 岁，党龄 14 年

他接手的沈 84—安 12 区块是辽河开发 30 年的老区，近二十年尚未开展过系统研究。但他却凭借着一股不服输的劲，将不可能变成可能。他和他的团队将资料复查范围延伸至原始资料每个角落，将地质研究单元聚焦到每个小层，他们创新的复杂断块井

震藏一体化构造精细解释技术、扇三角洲储层构型精细表征技术树立了老油田精细油藏描述“新典范”，编制的辽河首个高凝油化学驱先导试验“二三结合”阶段增油超过万吨，让开发30年的老油田重焕青春。

党员，就是把不可能变成可能，用工匠的执着追求和创新精神实现辽河梦。

22.“油稠人不愁”的党员：邱树立，38岁，党龄6年

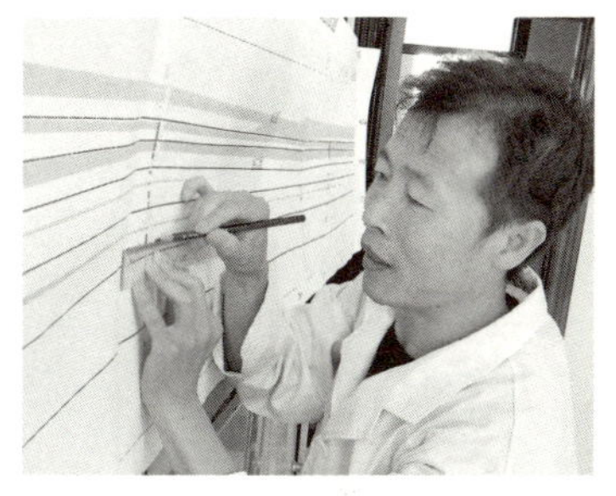

他是个智者，更是个行者。从“油稠人更愁”到“油稠人不愁”，他把青春的激情倾洒在老油田稠油开发动用上，把奋斗的足迹刻画在未动用储量重新开发上，他让稠油“不愁”，难采“不难”。

党员，就要做埋头苦干、不事张扬、不辍劳作的拓耕牛。

23.“百炼成钢”的党员：李渔刚，33岁，党龄1年

海阔凭鱼跃，百炼方成钢。

年轻的他有着与年龄不相符的成熟与担当，从小断块的精耕细作，到大项目的运筹帷幄，他以愈挫愈勇的精神，挑战着最难啃的复杂油藏评价部署。

党员，就是要千锤百炼，精益求精，走在油田增储评价的最前沿。

24.“严谨认真”的党员：张丽环，42 岁，党龄 21 年

“科研”意味着严谨求实。工作十余年，严谨认真就是她的工作信条。从地层对比到最终的井位部署建议，每一环节都一丝不苟、精益求精，每一张成果图件都经过反复调整修改，力求做到全方位闭合无懈可击。

党员，就是要有认真负责的态度，于细微之处见精神，于细微之处见水平。

25.最“智多才俊”的党员：张俊杰，33 岁，党龄 10 年

油田规划工作就像部队行军打仗时的参谋，需要“识规律、明潜力、指方向”，只有全面、准确地了解战场，才能把控“战

局”，为“部队”提供准确的情报和决策依据。

党员，就要求真务实、兢兢业业，做好每一项工作，为油田公司领导提供决策依据。

26.“气势非凡”的党员：李滨，33 岁，党龄 12 年

“地下采气，地下储气”，一举建成了东北第一座储气库“双6储气库”。这一智举的背后，是辽河科研人博观约取、厚积薄发的真实写照……突破扩容上产关键技术，成功实现“五注两采”，为辽河油田的稳健发展增添了强劲动力。

党员，就是用勤奋书写初心不负、青春有为。

27.“爱小家更爱大家”的党员：赖鹏，36 岁，党龄 10 年；胥玉静，35 岁，党龄 12 年

“三十功名尘与土，八千里路云和月。”

你与我和孩子们相隔八千里路，每晚的视频聊天是我们一家人最开心最幸福的时刻。虽然相隔两地，但我们心却是紧紧相

连。你的每一次付出、每一次叮嘱、每一次牵挂，都是我们一家人暖暖的爱。

党员，不仅要爱“小家”，还要爱“大家”。“小家”的温暖正是大家的幸福。

28.“与月亮同行”的党员：邱林，35 岁，党龄 13 年

有人说:“选择了海外技术服务工作，就注定要与月亮同行。”

他们服务的海外区块平均都与国内有 3 个小时以上的时差，每当别人下班的时候，却是他们最忙的时候，从无怨言。八年来，正是得益于这样饱满的工作状态，他们技术支持的地域从

最初中亚哈萨克斯坦一国一地，发展到中亚、南美、印尼三国五地，逐步做大做强了“辽河技术品牌”，让辽河油田“海外创效之路”越走越宽。

党员，就是要“急甲方之所急、想甲方之所想”，无论工作时间再长、再累，也绝无怨言。

29.“享誉海外”的党员：杨永亮，35 岁，党龄 17 年

8 年前，为走出辽河、发展辽河，他们勇敢走出去，足迹遍布 4 大洲 16 个国家和地区。

8 年间，我们看见了中油海外效益的日日增产，却看不见他们绞尽脑汁、挑灯夜战；我们看见了亲人相聚时展露的幸福笑颜，却看不见万里之外孤独一人的寂寞与无奈。

党员，就要兢兢业业、精益求精，才能赢得信誉，赢得市场。

30.“武功”最高的党员：武凡皓，33 岁，党龄 10 年

我会“隔山打牛”，我也会“乾坤大挪移”。

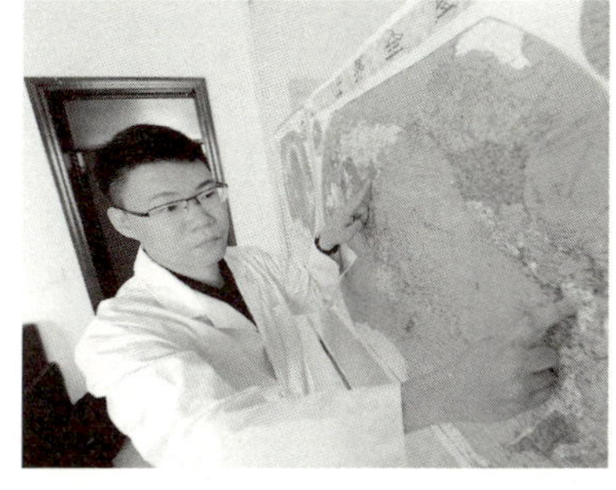

我可以精准部署 2 万千米以外的委内瑞拉油田区块，让距离不再成为问题。我也可以让委内瑞拉与中国的 12 个小

时时差变为 0，让昼夜不再成为分明。

党员，就是要在企业最需要你的地方播洒汗水。

31. 站在“云端”上的党员：信息工程所云平台建设团队，党龄 7 年

不曾站上云端，你就无法“腾云驾雾”；不曾站上云端，你就无法“行云布雨”；不曾认识他们，你就无法在浩瀚的油田勘探开发大数据中，行云穿梭、来去自如，他们就是致力于辽河油田勘探开发云平台建设的信息工程所“云平台建设团队”。

党员，就是立足岗位，为油田勘探开发建设提供最便捷的支持。

32.“火眼金睛”的党员：吴佳乐，34 岁，党龄 12 年

地震资料处理是油田勘探开发中的一个既基础又重要的环节，被人们形象地比喻为地质学家的“眼睛”。

为了当好这双“眼睛”，每一位地震资料处理员都是“孙悟空”，可以看透地下万千、摸清地下油龙，亦可以从千枝万叶、扑朔迷离的地震信息中提取到最有效的油气信息。

党员，就是要经历万千考验，依然兢兢业业、一丝不苟。

33. 最“相濡以沫”的党员：李尊、米雪夫妻，党龄 19 年

我们从 1989 年工作初识，到如今的相濡以沫。三十年来，我们俩一直从事地震资料处理工作，工作中我们是最佳拍档，生活中我们是模范夫妻，不但在地震资料处理技术方面相互学习而且也会在处理成果上相互比拼、互相竞争，孜孜不倦，无怨无悔。

党员，就是要有信仰、有追求，对得起工作、对得起良心。

34. 最“火”的党员：程海清，36 岁，党龄 8 年

他用智慧点燃奔腾的地火，他用行动丈量 0 到 1 的距离，成就了辽河三维火驱技术的蓬勃发展，开启了辽河老区技术接替的

新征程。

党员，就要仗剑高歌，用智慧推动油田产量箭头一路向上。

35. 最“全能”的党员：张宏，37 岁，党龄 15 年

在家“小鸟”依人，来到单位秒变“女汉子”，能抡锤，会使大管钳，干起重活，一点儿不比男人差；做起试验，严谨又细心。

党员，就是敢于、勇于承担责任的精英。

36. 最接“地气”的党员：王宝林，31 岁，党龄 9 年

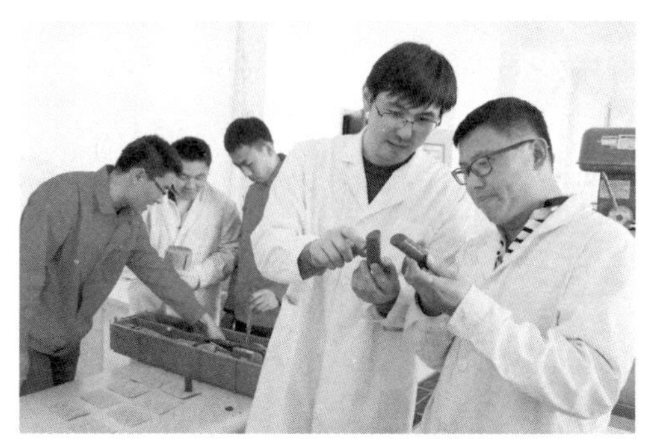

工作八年，钻切各类岩心样品 16 万块，操控着研究院最锋利的切割设备，取心、剖心“一气呵成”，没有一次失误。

党员，就要不怕苦，不怕累，踏踏实实。

37.“炯炯有神”的党员：刘玉婷，31 岁，党龄 12 年

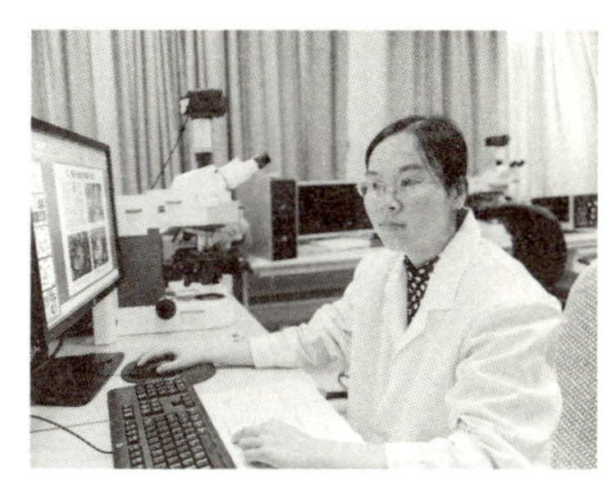

薄片鉴定技术被形象地称为透视储层的“眼睛”，可以发现储层岩石矿物的任何“蛛丝马迹”。

我的工作就像是欣赏艺术品，需要欣赏、需要细心。我鉴定出一张地质特征完整的岩心薄片需要两个小时，每天工作超 10 小时，如遇到复杂的薄片可能需要一天甚至几天，从不推诿、从不懈怠。

党员，就是要有服务意识和奉献精神，踏踏实实见真功。

38. 最美“兰台”党员：戴晓伟，53 岁，党龄 10 年

兰台，是中国历史中档案保管机构和档案工作的代名词。

“我是一粒沙，只有投进沙漠，才不会失落；我是一滴水，只有滴进海洋，才不会干涸。你是我的梦想，你是我的希望，只有跨进你——兰台，生命才能永恒！”

党员，就是甘于平凡，甘于奉献，不求索取。

39.“刀刃上跳舞”的党员：陈建东，47 岁，党龄 20 年

我是一名制图人，20 岁参加工作，一直工作在制图印刷厂裁切岗，天天游走于锋利的裁纸刀刃上，危险重重，但却从不畏惧……装订过科研报告 50 万本，裁切纸品 120 万张，无一次差错、无一例失误。

党员，就是像硬汉一样的人，能打硬战，不计较，不推诿，实实在在。

研究院赋

渤海之滨，九河下梢。蒹葭苍苍，稻黍萋萋。时廿世六旬，李氏献策于前，万人驰骋于后。先遣勘探之旅，再会采油之师，辗转百里之间，钻燧千米之下。穷心智，格物理，钻机轰鸣，石油喷涌。始“六七三”，又“三二二”，今“油老三”。

辽河地质，堪称大观。板块激荡，旋回律动；正逆嬗变，陟降频仍；储层多端，沉积泛涵；时溯亿万，沧桑六度。

遥思先贤，千辛无所为况，万难不足以喻。沼泽荒野，篝火粗粝，行搓衣板路，饮鸭塘苦水。夏则汗流浃背，蝇飞蚊噬；冬则气嘘成冰，手僵足硬。时逢国事艰难，弥促奋发之心，筚路蓝缕，蹊径独辟；弘扬大庆精神，传承企业文化，热血衷怀，肇始辽河。

维斯院也，学科林立，英才济济。耆宿经纶满腹，少俊灵蛇在握。引经据理，条分缕析；寻源探往，精穷奥业。日啮笔呕心，参外合中；夜搔首反侧，扣昨问今。春煦秋阴，陈书览图，尺牍盈案，红线蓝划，苦心孤诣；暑雨寒风，荧屏耀耀，鼠标点点，大千世界，别开生面。上思亿万年之流变，下追数千米之沉降，窥虫骸于岩心，发异常于曲线，冥搜幽思，寻履往迹。四季轮回，数番绿阴坠黄叶；斗转星移，几多青丝变白发。苟纵情于科研，乐莫大于奉献。知行合一，与时俱进。

勘探开发，雁行不辍，科学管理，人文泽润。探逶迤攀登之路，觅高效创新之法。非真理而不怠，岂穷达而心异。虽世事纷繁，不改报效之志；纵流派纷纭，亦秉学术之旨。潜龙在渊，凤栖梧桐，春华秋实，寤寐求之。洋洋乎，吾院之风！

注释：

1.“六七三”，1968 年 6 月 20 日，由中国人民解放军第 39 集团军批准，成立六七三厂革命委员会，隶属大庆油田领导，称大庆油田六七三厂。

2.“三二二”，1970 年 3 月 22 日，经国务院批准，石油工业部决定在辽河盆地进行石油勘探会战，成立三二二油田。

3.“油老三”，1986 年，辽河油田原油产量突破 1000 万吨，实现了争当“油老三”目标，成为全国第三大油田。